D1937429

RADIUS BÜCHER

Erika Kitter

MULTIPLE SKLEROSE

30 Jahre
Leben mit einer Krankheit

RADIUS

Zu diesem Bericht liegt auch ein Hörbuch vor
(drei Kassetten, gelesen von der Autorin, musikalisch umrahmt),
das bezogen werden kann beim
Radius-Verlag, Olgastraße 114, 70180 Stuttgart
Tel. 0711. 607 66 66, Fax 0711.607 55 55
(netto 24,80 DM plus Versandkosten).

ISBN 3-87173-207-9
© 2000 by RADIUS-Verlag GmbH Stuttgart
Neuausgabe des zuletzt 1994 erschienenen Titels
»...und dann nahm ich mir heraus zu leben«
Umschlag: groothuis & consorten, Hamburg
Gesamtherstellung: Clausen & Bosse, Leck
Printed in Germany

Zum Geleit

Wer in den letzten Jahren die Verzweiflung und die Resignation von Menschen erlebt hat, denen der Arzt eröffnen mußte, daß sie an Multipler Sklerose leiden, der ist dankbar, daß jemand seine Lebens- und Leidensgeschichte ohne Umschweife, ohne Wehleidigkeit, mit dem ganzen Optimismus, den der Titel ausdrückt, beschrieben hat.

Frau Kitter läßt Betroffene und Nichtbetroffene Schritt für Schritt miterleben, wie sie aus Verzweiflung und Resignation zurückgefunden hat in ein Leben, das Aufgaben für andere erfüllt und Beispiel für viele ist. Ihr Mut, ihre Beharrlichkeit, ihre Offenheit und ihre Initiative verdienen Bewunderung, vor allem aber Nachahmung.

Das Buch, das ein Leben schildert, alle Konflikte beschreibt, keinem Problem ausweicht und erlebte Lösungen anbietet, möchte ich als Lehrbuch für MS-Kranke und ihre Angehörigen bezeichnen. Ja, es ist mehr. Es vermittelt Hilfen, die manchen in seinem persönlichen Kreis versagt sind, und es ist den Gesunden Anstoß, sich mit der Krankheit und den Kranken zu beschäftigen. Es zeigt den Weg, wie man helfen kann, und es macht auch die Defizite deutlich, die in unserer Gesellschaft noch immer bestehen, wenn es um Krankheiten wie die Multiple Sklerose geht, und wenn die Frage steht, wie kann der Erkrankte zu seinem und zu aller Nutzen voll in die Gesellschaft integriert bleiben.

Erika Kitter gibt eine – eine wichtige – Antwort.

Hanns-Peter Herz
Vorsitzender des Landesverbandes Berlin der Deutschen Multiple Sklerose Gesellschaft

Inhalt

Vorwort

Diesem Buch kommt gegenwärtig eine bedarfsdeckende Funktion zu, denn es ist für MS-Kranke, Therapeuten, Ärzte und Angehörige geschrieben.

Frau Kitter läßt uns nicht nur bis in alle Einzelheiten hinein, verständlich, einfühlbar an ihren Empfindungen und krankheitsbedingten Lebensfragen teilnehmen, sondern zeigt auch nachvollziehbar Möglichkeiten zur positiven Selbstgestaltung eines Lebens mit MS auf. Sie vermittelt die hoffnungsvolle Erkenntnis, daß wir uns nicht untätig einem ausweglos erscheinenden Schicksal beugen dürfen, sondern gerade bei dieser Erkrankung die Willenskraft zur Überwindung seelischer Konflikte und schwerer Behinderungen aktivieren müssen.

Die Verfasserin steht den prinzipiellen, vielseitigen Fragen eines Lebens mit MS mit positiven Antworten gegenüber.

Umfangreiche Studien zeigen, daß in Deutschland über 80000 Menschen an Multipler Sklerose erkrankt sind. Entscheidend dabei ist aber, daß die MS früh im Leben beginnt und sich über Jahrzehnte erstreckt. Die Krankheit bestimmt damit das Schicksal der Betroffenen und ihrer Familien weitaus einschneidender als andere chronische Behinderungen.

Ein Drittel aller MS-Kranken hat aber bezüglich seiner Leistungs- bzw. Bewegungseinschränkungen im Alltag und Beruf einen gutartigen Verlauf zu erwarten, wenn es gelingt, nicht nur die vorhandenen Therapiemöglichkeiten permanent zu nutzen, sondern auch die Lebensqualität des Kranken zu verbessern und seinen persönlichen Bedürfnissen und Wünschen gerecht zu werden.

Die vielfältigen psychologischen Probleme von MS-Kranken sind für Gesunde nicht nachfühlbar, daher unverständlich, und sie sind diesen scheinbar hilflos ausgeliefert. Warum? Unsere Gefühle gegenüber Kranken beruhen auf einzelnen teilweise sehr unterschiedlichen Erlebnissen oder Eindrücken in der Familie, im Alltag, am Arbeitsplatz oder in der Klinik.

Begreifen, Verstehen und Nachempfinden können wir aber nur dann etwas, wenn wir von vergleichbaren Empfindungen oder schicksalhaften Erlebnissen beeindruckt werden. Wir sind deshalb auf das ständige Gespräch mit dem Kranken angewiesen, müssen lernen, aufmerksam zuzuhören auf das, was er uns aus seiner persönlichen Lage heraus zu sagen hat.

Beispielsweise werden Heil- und Hilfsmittel von Behinderten nicht immer als eine Erleichterung, sondern als ein weiterer Schritt in Abhängigkeit und Pflegebedürftigkeit betrachtet. Auch hier vermag das Buch mit nachfühlbaren *Deutungen* und Anregungen zu überzeugen.

Die Lebensbetrachtungen »einer gerade über den Berg Gekommenen« haben uns Gesunden viel Gutes zu sagen, machen Mut, sind Trostquellen für Betroffene, ein Wegweiser zur bewußten Verwirklichung eigener Träume und Wünsche und stützen ihr Selbstwertgefühl. Fragwürdiges wird verständlich gemacht, und indem sie unsere Fähigkeit, dem Kranken zuzuhören, anregt, schlägt sie eine Brücke zum Wesen von MS-Kranken, wenn wir lernen, ihre Worte mit geduldiger Aufmerksamkeit in uns aufzunehmen.

Deshalb wünsche ich diesem Büchlein weiteste Verbreitung und würde mich sehr darüber freuen, wenn es den Zugang zum Herzen vieler Leser findet.

Die Mitglieder des Lions-Club Hirsau möchten die Weiterverbreitung und Nutzung dieses Buches fördern und haben in großzügiger Weise den Druck der vorliegenden Ausgabe unterstützt. Herrn Wolfgang Erk sei für seine spontane Zusage, das Buch ins Programm des Radius-Verlages aufzunehmen, herzlich gedankt.

Eckhard Peterson
Leiter der Neurologischen Abteilung
der Rommel-Klinik
Bad Wildbad

Erika Kitter: Zu diesem Buch

Jede Krankheit ist im Grunde eine menschliche Herausforderung, doch es ist eine Herausforderung, die sich für das Weiterleben lohnt, auch wenn die Diagnose Multiple Sklerose heißt. Trotz der in den letzten Jahren beachtenswerten medizinischen Fortschritte in der Ursachenforschung und den neuen Symptom-Behandlungsmöglichkeiten, gibt es leider für die Krankheit Multiple Sklerose, auch im Anfang des zweiten Jahrtausends, weder für jeden MS-Kranken gültige Patentrezepte, noch Behandlungen die eine Heilung bringen könnten.

Mit diesem Buch und meinen Erfahrungen, möchte ich hilfreiche Anregungen geben, wie ein lebenswertes Leben mit dieser Krankheit trotz allem möglich sein kann. Und ich möchte aufzeigen, wie sie ihre eigene Aktivität entfalten und selbst den Gang der Dinge beeinflussen können.

Es ist ein praxisnaher Lebensbericht, der als erweiterte Neuausgabe und auch als „Hörbuch" vorliegt. Der umfangreiche Text wurde von mir im Tonstudio gesprochen und mit musikalischen Einlagen aus mediterranen Kompositionen für zwei spanische Gitarren begleitet.

Diese Neuausgabe ersetzt den Titel ... *und dann nahm ich mir heraus zu leben*" und erfährt eine Erweiterung mit dem Thema: *„Auf der Suche nach neuen Therapien"*.

Ich beziehe mich auch hier auf meine Erfahrungen und auf die Aussagen vieler Menschen, die mir bei meinen Vorträgen und Lesungen in Bibliotheken, Kurorten, Kliniken und MS-Selbsthilfegruppen begegnet sind. Nachdem das Leid mich vor dreißig Jahren zu einer tiefen Erfahrung geführt hatte, die zugleich die Geburt eines neuen Lebens und Gewissens war, möchte ich mich auch in der Zukunft auf den Weg begeben und mit meinem Lebensbericht anderen Menschen dienen und nützlich sein.

Der erweiterte Anhang enthält Fachbeiträge zu heutigen Behandlungsmöglichkeiten der MS aus der Wissenschaft, zu Behandlungen im Krankenhaus, zur ambulant-teilstationären Rehabilitation, sowie einen Beitrag zur *Erfahrungsheilkunde*, außerdem zu Problemen der ärztlichen Versorgung und zur krankengymnastischen Behandlung von MS-Patienten, sowie Hinweise zur Ernährung und Anschriften der Deutschen Multiple Sklerose Gesellschaft (DMSG) wie auch Adressen von Fach- und Rehabilitationskliniken und ein Verzeichnis weiterführender Literatur.

Seit dem Erscheinen meines Buches erhalte ich von vielen Menschen Briefe und Anrufe. Daß es so viel Anklang fand, mag damit zusammenhängen, daß dieser subjektive Lebensbericht nicht nur von MS-Kranken und deren Angehörigen, von Therapeuten und Ärzten gelesen wurde, sondern als hilfreiche Lektüre ebenso gilt für Menschen mit anderen Erkrankungen oder Lebensproblemen.

Einige Leserreaktionen:

Ihnen ist es gelungen, in spannender Form die vielen Stationen Ihres Leidens darzustellen, die Ängste und Hoffnungen, das Problem Familie, angewiesen sein und selbstständig werden, Hilfe erfahren und Hilfe geben. Ihr Buch erklärt dem Gesunden, was es mit dieser merkwürdigen Krankheit auf sich hat, wie sie von den Betroffenen erlebt wird – und den Kranken macht Ihre Erzählung Mut, durchzuhalten. *Dr. Veronica Carstens*

Der Bericht hat mich als Betroffene ganz besonders beeindruckt, weil sie offen und unbeschönigt alle auftretenden Probleme, Empfindungen und Konflikte schildert – ganz ohne Wehleidigkeit und mit einer starken Zuversicht und Lebensfreude. Ich hätte mir dieses Buch zu Beginn meiner Erkrankung gewünscht. *Rosemarie Fallnich*

Ihr Buch ist eine Botschaft für jeden, der an der subjektiven Sinnlosigkeit des Lebens und Leidens verzweifeln möchte. Diese Botschaft zeigt, dass auch das Leiden seine Würde und Chance zum segensreichen Leben hat.

Eva Maria Grosch – Inner Wheel Berlin

In Ihren Darlegungen fand ich viele Parallelen, die mein Leben bestimmen. Ihr Buch hat mir eine Bestätigung gegeben, dass ich mich auf dem richtigen Weg befinde. Ich betrachte Ihr Buch als eine „Anleitung zu Handeln!“ Ein echter Wegweiser, mit Höhen und Tiefen dieser Krankheit leben zu können. *Gerhard Sorms – Köpernitz/Rheinsberg*

Es ist Ihnen gelungen, alles so darzustellen, dass man mitfühlt, aber am Ende nicht deprimiert, sondern eher aufgebaut ist. Auch haben Sie die medizinischen, doch oft schwierigen Details so anschaulich beschrieben, dass jeder, auch Nichtbetroffene, alles gut verstehen kann. Ich glaube, dass gerade Ihr Vorbild, verbunden mit den vielen praktischen Ratschlägen und „Tricks“ vielen Menschen in ähnlicher Lage helfen wird. *Dr. Renate Redies –Düsseldorf*

Sie haben eine mehr als nur lesenswerte „Fleißarbeit“ in meine Hände gegeben. Dafür möchte ich Ihnen sehr danken. Ihr Erfahrungsbericht als „Gelernte Kranke“ hat mir viel gegeben. Nicht nur MS-Kranke, sondern auch Gesunde, Ärzte und Therapeuten, können manch sinnvollen Hinweis entnehmen. *Klaus Weidner, Kehl/Sundheim*

Schon mit dieser Aussage: „Kein noch so guter Arzt, kein noch so gutes Medikament, keine noch so gute Therapie können bei der Krankheit MS bewirken, was die eigene Haltung zuwege bringen kann...“ und mit vielen praktischen Hilfen zeigt Frau Kitter als „gelernte Kranke“ Wege auf, wie Verzweiflung durch Hoffnung überwunden werden kann, und sie macht sich damit zum „Seilschaftsführer für die noch Kletternden". Die Autorin fordert engagiert auf, nicht im Leid hängenzubleiben, sondern auszusteigen und sich „herauszunehmen zu leben".

Rolf Ferstl – Hattenhofen

Bei den eindrucksvoll geschilderten Krankheits- und Genesungserlebnissen während Ihres jahrzehntelangen MS-Schicksals, das zudem noch durch Schilddrüsenkrebs erschwert wurde, wird dem Leser bewusst, inwiefern eine positive Einstellung letztendlich doch Dankbarkeit und Freude zeitigt. Beim Lesen Ihres Buches dachte ich immer wieder an diese Worte von Dr. Karl Menninger: „Einstellungen sind wichtiger als Tatsachen. Keine Tatsache ist so wichtig wie die Einstellung, die wir zu ihr haben."

Monika Rollmann – AMSEL-DMSG-LV Baden-Württemberg

Frau Kitter stellte vor 35 Schülern der neunten Klasse in Ludwigsfelde ihr Buch „...und dann nahm ich mir heraus zu leben" vor und schilderte eindrucksvoll ihre Erlebnisse und wie sie damit fertig wurde. Das ist der Auftakt einiger Veranstaltungen dieser Art mit Frau Kitter, die von der Bibliothek in Ludwigsfelde organisiert wird. Sinn dieser Veranstaltungen ist: darzustellen, wie Menschen schwierige Lebensphasen meistern können und die Auseinandersetzung mit der jeweiligen Problematik. Das ist aktueller, denn je – in den neuen fünf Bundesländern. Wir danken Frau Kitter, da sie miterlebbar und sehr anschaulich verstanden hat, mit ihrem Vortrag darauf aufmerksam zu machen, dass u.a. das Besinnen auf die eigene Lebenskraft die Grundvoraussetzung zur Meisterung des Lebens ist.

Carla Karstädt; Stadtverwaltung Abt. Kultur – Ludwigsfelde

Erste Symptome

»... Niemals ist das erste Auftreten der Krankheit Multiple Sklerose (MS) bereits an eindeutigen Symptomen zu erkennen«, heißt es in einem Lehrbuch. So auch bei mir! Zunächst aber eine kleine Rückblende.

Gut fünfundzwanzig Jahre hatte ich das Glück, von schweren Krankheiten verschont leben zu dürfen. Als Schülerin war ich eine begeisterte, aktive Sportlerin im Geräte- und Bodenturnen. Von früh auf schon hatte ich einen großen Freundeskreis. Ich liebte die Geselligkeit, Musik, den Turniertanzsport und freute mich, wenn ich andere mit meiner angeborenen Fröhlichkeit anstecken und mitreißen konnte.

Auch beruflich war ich voller Aktivität und wurde bereits während und vor allem nach meiner kaufmännischen Ausbildung mit Aufgaben betraut, die Selbständigkeit und Verantwortung erforderten. Ich besuchte wiederholt Fachkurse zur Weiterbildung, legte erfolgreich Prüfungen ab mit dem Ziel, eines Tages ein eigenes Unternehmen führen zu können.

Ich hatte sehr genaue Zukunftspläne: Beruflich selbständig sein, dann heiraten, ein Haus bauen und zwei Kindern das Leben schenken. Doch es kam anders, als ich es mir vorgestellt und erträumt hatte. Nach vier erfüllten Ehejahren wurde im Mai 1959 unter unerwarteten Komplikationen unsere Tochter geboren. Es folgten lange Monate eines nie gekannten Erschöpfungszustandes. Ich war völlig auf die Hilfe meiner Mutter und Angehöriger angewiesen und konnte mich einfach nicht erholen. Mein Befinden erlaubte es mir nicht einmal, meinen Mutterpflichten im gewünschten Maße nachzukommen. Ich war zwar sehr geschwächt, konnte mir aber überhaupt nicht erklären, warum mein rechtes Bein beim Aufstehen nur schwer gehorchen wollte. Viele Jahre später erfuhr ich, daß dieses möglicherweise bereits der MS-Krankheitsbeginn war.

Fast ein Jahr lang wurde ich auf Ischialgie mit Spritzen, später mit Tabletten behandelt. Zeiten der Linderung und völliger Beschwerdefreiheit wechselten Jahre hindurch mit erneuten Verschlechterungen. Ich machte mir wenig Gedanken, dachte an nichts Schlimmes. Mein Dasein als Frau und Mutter füllte mich völlig aus. Unsere Tochter wuchs inzwischen zur Zufriedenheit aller recht munter heran. Als unser Kind im Jahre 1962 drei Jahre alt war, glaubte ich mich gesundheitlich einigermaßen stabilisiert und gefangen zu haben und nahm meine frühere Tätigkeit wieder auf.

Eines Tages, es war inzwischen August 1965, verließ ich wegen starker Kopfschmerzen vorzeitig meine Arbeitsstelle. Ich holte unsere Tochter vom Kindergarten ab und ging mit ihr zu einem Spielplatz, um mich an der frischen Luft zu erholen.

Plötzlich geschah etwas Unerwartetes: Ich sah mein spielendes Kind nur noch verschwommen vor mir! Zutiefst aufgeschreckt, ließ ich mich von meiner sechsjährigen Tochter heimführen. Hatte ich in letzter Zeit vielleicht zuviel gearbeitet? Ich war völlig ratlos und konnte nicht begreifen, was mit mir geschehen war.

Am nächsten Morgen traute ich im wahrsten Sinne des Wortes meinen Augen nicht, als ich statt eines zwei Bilder an der gegenüberliegenden Wand erblickte. In Panik sprang ich aus dem Bett, konnte mich jedoch gar nicht orientieren, stolperte und hatte das seltsame Gefühl, ins Leere zu treten.

Meine Familie, die inzwischen von meinem Gepolter und Gestammel erwacht war, kam mir zu Hilfe. Ich hatte große Angst und wollte sofort zum Arzt. Es war Wochenende und unser Hausarzt nicht erreichbar. Darum fuhr ich mit dem Taxi zur ersten Hilfe in das nächste Krankenhaus.

Nach verschiedenen Untersuchungen in der Augenstation stellten die Ärzte eine Augenmuskellähmung fest. Was bedeutete eine solche Erkrankung und welche Ursachen hatte sie, war sie überhaupt heilbar? Besorgt stellte ich Fragen über Fragen. Der Arzt gab mir bereitwillig Antwort, versuchte mich zu beruhigen und erklärte: »Die Augenmuskeln müssen zusammenarbeiten, damit ein einheitlicher Bildeindruck entsteht. Ist das zum Beispiel bei einer Lähmung der Muskeln eines Auges nicht mehr der Fall, so erscheint ein doppeltes Bild von den Gegenständen. Gehen, Treppensteigen, Lesen und andere Tätigkeiten sind in diesem Zustand erschwert, oft sogar unmöglich. Störungen der Augenmuskeln sind vielfach eine Begleiterscheinung anderer Leiden oder Folgen von Infektionskrankheiten und Vergiftungen. Aber durch fachgemäße Behandlung kann Doppelsehen fast immer beseitigt werden.«

Nun wußte ich Bescheid. Dennoch kreisten meine Gedanken unaufhörlich: War all das eine Folge der erst vor kurzem nur schwer überstandenen Bronchitis, bei der ich stark wirkende, fiebersenkende Mittel schluckte, um ja nicht in der Firma fehlen zu müssen? Was hatte ich sonst falsch gemacht oder übersehen?

Zu einer weiteren Untersuchung brachte man mich anschließend in die Neurologische Abteilung. Dort sollte ich zur Beobachtung stationär aufgenommen werden. Ich bat aber um eine vorerst ambulante Behandlung und versprach, einen Facharzt für Neurologie aufzusuchen.

Bange Wochen gingen darüber ins Land. Ich folgte allen Anordnungen und schonte mich und meine Augen. Nach und nach besserte sich mein Befinden. Dennoch waren meine inneren Sorgen nicht völlig verschwunden. Ich ahnte immer noch nichts von meiner wahren Krankheit, schob alles auf ständige Überarbeitung und dachte nicht im entferntesten an Multiple Sklerose als Ursache aller bisherigen Beschwerden. Das konnte ich auch gar nicht, denn MS war damals für mich und auch für die meisten Mitmenschen kaum ein bekannter Begriff.

Ich klammerte mich hoffnungsvoll an den erlebten Aufwind, wurde in allem vorsichtiger und ging mit meinen Kräften bewußt haushälterisch um. Das kleine Körnchen »Hoffnung« schlug Wurzeln, keimte und wuchs beharrlich. Und so lebte ich mein Leben in aller Zuversicht weiter und tröstete mich damit, daß solche »Wehwehchen« alle vorzuzeigen haben. Doch es blieb nicht bei diesem »Wehwehchen«…

Die Wahrheit kann grausam sein

Drei Jahre später, 1968, erlitt ich von heute auf morgen eine rechtsseitige Arm- und Beinlähmung und sah wieder alles doppelt.

Dieser Rückschlag löste eine unvorstellbare Angst in mir aus, denn ich mußte an meine erste Kur in Hirsau zwei Jahre zuvor denken. Damals begegneten mir erstmals MS-Patienten, die von ähnlichen und gleichen Krankheitssymptomen erzählten, die bestimmte Parallelen zu meiner Krankheit erkennen und Schlimmes ahnen ließen. Schon damals beschlich mich manchmal heimlich der Verdacht, ob ich nicht selbst auch an dieser schrecklichen Erkrankung leiden würde.

Aber mit der Angst im Nacken wagte ich nicht, den Arzt danach zu fragen. Ich befolgte die medikamentösen und therapeutischen Anordnungen des Neurologen, so daß ich schließlich nach einem halben Jahr bei fleißigen Gehversuchen eine weitere Sanatoriumskur, diesmal in der Pfalz an der malerischen Deutschen Weinstraße, antreten konnte.

Dort, im Sanatorium in Bad Gleisweiler, erhielt ich durch den Chefarzt die unfaßbare, erdrückende Bestätigung meiner Befürchtungen. Der Arzt begründete seine Offenheit mit seiner Erfahrung, daß Unsicherheit und Befürchtungen sich bei den meisten Patienten belastender auswirken als die Wahrheit, die sie aus berufenem Munde nach angemessener Prüfung erfahren würden.

Multiple Sklerose! Also doch! – Meine Reaktion ließ nicht lange auf sich warten. Einen Moment spürte ich beinahe so etwas wie Haß dem Arzt gegenüber, der da ruhig vor mir saß und mir so Furchtbares mitteilte. Das mußte wohl doch ein Irrtum sein! Das konnte und durfte nicht sein! So wehrte ich mich innerlich und fragte in starker Erregung, beinahe wütend, warum man mir das nicht schon viel früher gesagt habe? – Blitzartig schoß mir der Gedanke durch den Kopf, daß ich, wäre man früher schon so offen gewesen, der Krankheit vielleicht energischer hätte gegenübertreten und mich dann vielleicht auch insgesamt richtiger verhalten können. Unwillkürlich hatte ich das Bild von unserem letzten Sommerurlaub in den Tiroler Bergen vor Augen, als man mich nach einer anstrengenden Hüttenwanderung wegen Seh- und Gleichgewichtsstörungen und totaler Erschöpfung auf schmalen Pfaden ins Tal hatte hinuntertragen müssen. Auch danach war jede kleine Wanderung ungewöhnlich anstrengend. War diese Anstrengung vielleicht der Auslöser für mein schlechtes Befinden?

Nach dem Abklingen meiner ersten Gefühlsaufwallungen sprach mein Gegenüber in aller Ruhe mit mir über die MS und ihre verschiedenen Krankheitsbilder: »Multiple Sklerose, abgekürzt ›MS‹, gehört zu den häufigsten entzündlichen, neurologischen Erkrankungen. Scheinbar wahllos wird bei dieser Krankheit das Myelin, das als Markscheide die Nervenfasern umhüllt, mal hier, mal dort angegriffen und zerstört. Das führt zu einem äußerst mannigfaltigen Bild neurologischer Ausfälle, z. B. zu Bewegungs- und Koordinationsstörungen bis hin zu Lähmungen, zu Seh- und Gleichgewichtsstörungen, mitunter kommt es zu Sprachstörungen und Schluckbeschwerden; oft werden auch vegetative Funktionen und, durch erschwerende Umstände, die Psyche des Patienten erfaßt. Die Krankheit verläuft meist in sogenannten Schüben, wobei zwischen den Schüben häufig weitgehend symptomfreie Intervalle liegen.«

Er erklärte weiter, daß man die einzelnen Symptome auch anderen Krankheiten hätte zuordnen können und deshalb mit der endgültigen Diagnose vorsichtig verfahren müsse. Daß er aber bei mir, im Zusammenhang mit der Anamnese, die Diagnose MS für höchstmöglich hielt, war nun nicht mehr zu leugnen.

Wie versteinert ging ich in mein Zimmer, warf mich aufs Bett und weinte jämmerlich. Niemand in dieser Welt hätte mich in meiner Verzweiflung trösten können. *Da muß wohl letztlich jeder alleine hindurch.*

Nach einer Weile kam unerwartet der Arzt in mein Zimmer, legte seine Hand auf meine Schulter und sprach beruhigend auf mich ein. Schließlich bot er mir an, in seinem Sprechzimmer mit meinem Mann zu telefonieren.

Immer noch schluchzend folgte ich ihm. Am Telefon erzählte ich dann mit immer wieder versagender Stimme meinem Mann, was ich soeben erfahren hatte. Es war gut, in diesem Augenblick seine Stimme zu hören. Nach und nach konnte ich mich bei diesem Telefonat etwas beruhigen. Der Schock aber saß mir immer noch tief in den Knochen. Wie eine dunkle Wand ragte die Zukunft vor mir auf. Ich hatte Angst. Wie sollte es weitergehen, was würde noch alles auf mich zukommen? Tausend Gedanken schienen mir gleichzeitig durch den Kopf zu jagen und lähmten meine sonst ausgeprägte Fähigkeit, in solchen Situationen positiv und vorwärts zu denken.

Im Rückblick auf jene Zeit bin ich heute sehr dankbar, daß ich nicht allein gelassen und fast täglich durch den Chefarzt in Gespräche verwickelt wurde, die Vertrauen schafften, positive Informationen vermittelten und schließlich eine gewisse Beruhigung eintreten ließen. – Ich weiß von vielen MS-Kranken, daß ihnen die Diagnose von den Ärzten nicht so einfühlsam wie mir mitgeteilt wurde – im Gegenteil. Wenn sie nicht selbst in ängstlicher Neugier, aber beharrlich danach fragten, wurde ihnen ihre Diagnose entweder verschwiegen oder schonungslos ins Gesicht gesagt. In den meisten Fällen ließen die Ärzte den Patienten mit seinem Schock allein. Keine ehrliche, aufklärende Krankheitsinformation, kein helfendes Gespräch von Mensch zu Mensch, sondern eine mit lateinischen Namen gespickte Kurzauskunft waren die Regel. Gerade hier, so meinen die meisten MSler, wäre ein Hinzulernen auf beiden Seiten sehr nützlich.

Bei einem Gespräch kurz vor meiner Abreise aus Bad Gleisweiler erfuhr ich nochmals mehr über die Heimtücke der MS, die jeden Menschen jederzeit treffen könne, zumeist zwischen dem zwanzigsten und vierzigsten Lebensjahr. Gerade dann also, wenn ein Mensch in der Regel dabei ist, sich in beruflicher und familiärer Hinsicht zu festigen und zu entfalten.

Wie recht der Doktor hat, dachte ich. Erst vor ein paar Monaten hatte ich, gerade 34 Jahre alt, auf dem zweiten Bildungsweg die Abschlußprüfung in der Abendschule bestanden, wollte demnächst die Firma in der Bekleidungsindustrie, in der ich bereits als Betriebsleiterin verantwortlich tätig war, übernehmen und plante mit meinem Mann, ein kleines Haus zu bauen, der Familie ein schönes Heim zu schaffen.

Und nun dieses Aus, dieses endgültige Aus! Es war nicht zu fassen! Wo lag meine Schuld? Das alles bewegte mich sehr, während der Arzt, als hätte er meine Gedanken erraten, ausdrücklich erklärte: Man kenne zwar das Krankheitsbild, doch trotz weltweiter intensiver Forschung seien die Ursachen für die Entstehung der MS bis heute weitgehend unbekannt, gäbe es auch keine allgemeingültige Therapie mit Sicherheit auf Heilung, wohl aber individuell abzustimmende Behandlungsmöglichkeiten. Bei den akuten Stadien erreiche man meist gute Erfolge mit den entzündungshemmenden Cortisonpräparaten, allerdings müßten mitunter stärkere Nebenwirkungen in Kauf genommen werden. In der Folgezeit, nach einem Schub oder einer Verschlechterung, trügen die unerläßlichen individuellen Bewegungsbehandlungen wie: Krankengymnastik, Eisbehandlungen oder Hippotherapie wesentlich zur Besserung des Zustandes bei. Gleichzeitig gab er mir Hinweise zur Entwicklung von Eigeninitiativen in bezug auf meine körperliche Veränderung und den künftigen Tätigkeitsmöglichkeiten und sprach von der Notwendigkeit einer angepaßten, ruhigen Lebensweise und einer vitaminreichen Ernährung. Infektionen, Erkältungen, Schnupfen müsse ich möglichst vermeiden, ebenso die Sonne und jede Überanstrengung. Anschließend nannte er mir noch die Adresse der Deutschen Multiplen Sklerose Gesellschaft (DMSG) in Berlin, zu der ich auf jeden Fall Kontakt suchen sollte.

Viel hatte ich in dieser Zeit zu verkraften; und dennoch war ich *auch* ein klein wenig erleichtert, daß nun wenigstens die lange Zeit quälender Ungewißheit beendet war. – Heute ist mir klar, daß ich damals die volle Wahrheit und Tragweite dieser Situation für mein zukünftiges Leben noch nicht überblicken konnte.

Gleich nach meiner Heimkehr aus Bad Gleisweiler suchte ich zunächst in den Büchereien nach weiteren hilfreichen Informationen über MS. Als jedoch nur spärliche, hoffnungslose und angstmachende Berichte über MS zu finden waren, schlug ich, Vergils Worte: »Weiche nicht dem Übel, sondern gehe tapfer dagegen an!« im Kopf, die Bücher zu.

Nach dieser kaum erträglichen Endgültigkeit gab es für mich nur noch zwei Möglichkeiten: mich von dieser Krankheit erdrücken zu lassen oder sie selbst zu unterdrücken. Meine innere Stimme sagte mir: »Warum versuchst du's nicht?« und drängte mich, zu handeln. Ich entschied mich mit einer derart festen und noch nie an mir entdeckten Willenskraft für den Kampf gegen die Krankheit.

Konfrontation – Bewährungsproben

Die ehrenamtlichen Helfer der Deutschen Multiple Sklerose Gesellschaft in Berlin schickten mir, nachdem ich mich telefonisch bei ihnen gemeldet hatte, eine sehr freundliche, hilfsbereite Dame ins Haus. Sie kümmerte sich darum, daß ich bald einen Untersuchungstermin beim Chefarzt der Wannseeblick-Klinik bekam, der MS-Kranke stationär und ambulant betreute.

Zu meiner Überraschung glaubte er nach einer ersten neurologischen Untersuchung, daß ich keine MS hätte, daß aber andererseits die Anamnese in dieser Richtung verdächtig sei. Um sicher zu sein, folgte ich seinem Rat und ließ mich voller Hoffnung zu einer gründlichen Untersuchung in die MS-Klinik aufnehmen.

Diese Zeit sollte zu einer harten Bewährungsprobe für mich werden. Schon bald war mein erster Optimismus verflogen, denn anscheinend lösten die anstrengenden Untersuchungen einen in dieser Heftigkeit noch nicht gekannten Schub aus. Zu den bereits genannten Beschwerden kamen nun Sprachstörungen, Inkontinenzerscheinungen der Blase und erhebliche Störungen der Bewegungsabläufe (Ataxie) neu hinzu. Die Lumbalpunktion ergab tatsächlich ein verändertes Liquor (Nervenflüssigkeit), die Hirnstromuntersuchung (EEG) zeigte krankhafte Abweichungen. Das alles sprach für einen entzündlichen Prozeß. Im Zusammenhang mit der Anamnese wurde damit die Diagnose leider bestätigt – Multiple Sklerose.

Mehrere Wochen wurde ich nun u. a. mit dem Cortison-Präparat ATCH und Vitamin-Infusionen behandelt. In dieser Zeit lernte ich an den Mitpatienten, in kaum erträglicher Weise, gravierende Tatsachen und alle Verlaufsformen der MS kennen. Eigentlich, so mußte ich mir bei deren Anblick sagen, war ich unter all diesen Kranken noch am besten dran.

Und doch war meine Reaktion ein unaufhörliches Fragen, ob ein solches Leben überhaupt noch lebenswert sei, ob es sich noch lohne, für den, der so leben müsse, noch ein Stückchen Befriedigung überhaupt zu finden? Oder ob dieses Dasein nicht vielmehr nur einem bloßen Dahinvegetieren gleichkomme?

Ich bekam und wußte keine Antwort auf die vielen erschütternden Fragen, oder aber ich erhielt jeden Tag eine andere. Dabei schienen mir manche Patienten beinahe heiter gestimmt zu sein. Ich konnte oft nicht begreifen, wie das überhaupt möglich war, sich bei einigen sogar noch Trost zu holen, sich anzuklammern.

Ich war innerlich unsicher und verwirrt. Es war alles ausgesprochen belastend und überstieg meine Kräfte. Bei diesen von früh bis spät oft so deprimierenden Eindrücken wußte ich nicht mehr ein noch aus. An mich selbst und meine Zukunft wagte ich in diesen Wochen überhaupt nicht zu denken, weder in persönlicher noch in beruflicher Hinsicht. Dabei waren die Mitarbeiter meiner Firma in dieser Zeit so besorgt um mich. Sie schickten mir allerlei Aufmerksamkeiten, und ihre Besuche waren immer eine willkommene Bereicherung.

Die tägliche Beschäftigungstherapie, an der ich bald gern und sogar freudig teilnahm, brachte Ablenkung in den Krankenhausalltag, bereitete mir aber durch mein schnelles Erschöpftsein, die zitternden Hände und mein schlechtes Sehvermögen erhebliche Schwierigkeiten. Dennoch entdeckte ich an mir selbst bisher nicht gekannte Fähigkeiten. Unter Anleitung fertigte ich zwar mühsam, jedoch mit viel Geduld Vasen und Figuren aus Ton und Puppenköpfe aus Zellstoffkleister an, bastelte aus Peddigrohr Lampenschirme und Körbchen und bedruckte Stoffe mit Linolmatrizen. Dies alles war ein gutes Training für die Beweglichkeit der Finger. In den Stunden hingebender Beschäftigung war ich sogar etwas gelöst.

Positive, aber auch bedrückende Gespräche mit anderen MS-Patienten ergaben sich zuweilen bei diesem Tun und in den notwendigen Pausen. – Eine Frau sagte unvermittelt zu mir: »Warten Sie nur ab, bei Ihnen wird es auch noch schlimmer!« Einen Moment war ich empört, dann versuchte ich mir, ihre herzlose Offenheit als Folge ihres langen Leidens und Gefesseltseins an den Rollstuhl zu erklären. So etwas verengt wohl den Blick, verbittert, läßt Taktgefühl verlorengehen und Neid aufkommen gegenüber anderen, denen es anscheinend besser geht.

Eine junge Frau, die sich wegen ihrer schweren Gleichgewichts- und Koordinationsstörungen nur mit einem Rollator, einem Gehwagen, fortbewegen konnte, gab mir im Gegensatz dazu den tröstlichen und gutgemeinten Rat: »Zimmern Sie sich aufgrund des vielen Elends hier nicht Ihr eigenes Zukunftsbild. In der Klinik sehen Sie zu viele Schwerkranke. Es gibt viele MSler, denen es besser geht, und solche, die sogar berufstätig sind. Hier sind nur die Patienten, die einer intensiven Behandlung bedürfen.«

Eines Tages erzählte uns ein Patient während des Arbeitens in der Beschäftigungstherapie erregt von einem Erlebnis mit seinem siebenjährigen Sohn, der seinen behinderten Vater unverblümt einen Krüppel genannt hatte, weil er nicht mehr hinter ihm hatte herrennen können. »Mein Sohn hat ja recht«, meinte der junge Vater, »warum rege ich mich auf? Ich kann mit meinem Stock nicht rennen. Kinder sind realistisch und sagen einfach, was sie denken. Diese schlichte Ehrlichkeit zur Realität ist mir und den meisten erwachsenen behinderten Menschen verlorengegangen. Wir wollen den Mitmenschen gegenüber möglichst alles vertuschen, aber doch nur, um nicht als minderwertiger Außenseiter oder Mensch zweiter Klasse zu gelten oder gar Mitleid zu erregen.«

»Sie haben recht«, antwortete eine ältere Frau mit ruhiger Stimme, die gewiß bitter gelernt hatte, ihr Schicksal zu tragen, »Menschen, die durch Krankheit zwangsläufig ihre Leistungsfähigkeit eingebüßt haben, werden von unserer meist gedankenlosen gesellschaftlichen Umgebung im allgemeinen der unteren Klasse Mensch zugeteilt. Doch da nützt kein Lamentieren, junger Mann, in erster Linie sind wir es selbst, die lernen müssen, das Beste daraus zu machen und mit der eingeschränkten Lebensmöglichkeit vorlieb zu nehmen, wenn wir einigermaßen leben wollen.« Und mit einem leichten Unterton fügte sie noch hinzu: »Sie müssen versuchen, auch die anderen zu verstehen. Weil sie nicht behindert sind, meinen die Gesunden, die Bedürfnisse des Behinderten am besten einschätzen zu können.«

Diese Sätze wirkten wie Zündstoff in dieser Runde, als hätten die Beteiligten schon lange auf solche Gelegenheit gewartet, sich endlich einmal »Luft« machen zu können. Und so wurde ich unfreiwilliger Zuhörer einer brisanten Auseinandersetzung zwischen MS-Kranken, die mit so brutaler Offenheit bestritten wurde, daß jedem »Neuling« – wie mir – nur angst und bange werden konnte. Es waren mit Emotionen geladene Aussagen wie: »Die Gesunden können und wollen uns nicht verstehen...« – »Es ist mit ihnen keine Kommunikation möglich...« – »Es stimmt nicht, daß vor Gott und dem Gesetz alle Menschen gleich sind – eher gleichgültig.« – »Schon der Anblick eines sichtbar Gebrechlichen löst Abneigung und Distanziertheit bei den Gesunden aus...«

Die ganze Situation war für mich unbegreiflich und schokkierend! Die Erregung hatte sich auf mich übertragen und mich geradezu aufgewühlt. *War es wirklich so schwer, ein Behinderter zu sein und ein behindertes Leben in einer fortschrittlichen, pulsierenden Welt zu führen?*

Ich war noch ganz verstört, als am Nachmittag mein Mann zu Besuch kam, und ich fing an zu weinen. Schlagartig wurde mir bei seinem Eintreten meine miserable Situation bewußt und die ganze Ausweglosigkeit meines Krankseins gegenwärtig. Ich dachte an mein durch die Nebenwirkungen des Cortisons verändertes Aussehen, an mein »Mondgesicht«, das ich gerade vorher noch erschrocken im Spiegel wie etwas Fremdes an mir gesehen hatte. Angst vor dem Unbekannten stieg in mir auf; sie raubte mir in diesem Augenblick die Fähigkeit, ausgeglichen und ganz »ich« zu sein. Ich spürte, wie eine Abwehrhaltung in mir aufstieg, wie ich mich als Ausgestoßene fühlte, verkrampfte, ja wie ich innerlich mißtrauisch und hart wurde und mich gänzlich allein gelassen und einsam fühlte.

Dennoch wurde, wie in einer Trotzreaktion gegen meine jetzige Umwelt, gleichzeitig das vertraute Zuhause lebendig, war eine alles überdeckende Sehnsucht da, wieder Hausfrau und Mutter zu sein wie früher.

Meinem Mann war mein innerer Aufruhr nicht entgangen. Er machte ein erschrockenes Gesicht, weil er mich in einem solchen Zustand noch nicht erlebt hatte. Etwas hilflos nahm er mich in seine Arme. Ich spürte seine Unsicherheit und er mein Zittern. Die seelische Belastung war für uns beide einfach zuviel.

Später erst konnte ich von den Erlebnissen dieses Tages berichten, ihm mein Verhalten erklären und ihm von meiner Angst vor dem nächsten Tag erzählen, der Angst vor dem nächsten Gespräch mit betroffenen Patienten, und überhaupt von meiner Angst vor der Zukunft, vor unserer Zukunft. Auch er war bedrückt und betroffen, auch ihm wurde bewußt, daß wir von nun an ein ganz anderes Leben würden führen müssen. Vieles, was wir geplant und uns vorgenommen hatten, konnte nun nicht mehr Wirklichkeit werden. *Uns wurde klar: Wir können dem Schicksal nicht entrinnen, wir müssen mit der MS von nun an leben.*

Er litt mit mir und sorgte sich um mich. Die Hilfe, die ich jetzt nötig hatte, konnte er mir jedoch in diesem Augenblick nicht geben, denn er brauchte selber Halt und Trost. Wir mußten uns von nun an wohl gemeinsam in das neue Leben hineinfinden und hineintrösten.

Unser innerer Gleichklang kam eigentlich erst wieder, als ich nach insgesamt vier Monaten vorzeitig wegen fortschreitender Depressionen entlassen wurde. Wieder zu Hause, in der vertrauten Umgebung, konnten wir über alles reden und ein neues Miteinander aufzubauen versuchen.

Unsere Liebe wurde in dieser Zeit auf eine kaum zu ertragende Probe gestellt, es ergaben sich Schwierigkeiten in unserer Beziehung zueinander. Die vielen kleinen und großen Liebesbezeugungen, die in einer intakten Ehe ganz selbstverständlich und bindend sind, waren einfach nicht mehr da. Schmerzlich begriffen wir allmählich den Verlust dieser so wichtigen Gemeinsamkeit. Beide glaubten wir ernstlich, Versager zu sein.

Natürlich waren auch das Familienleben und unsere freundschaftlichen Verbindungen durch mein Kranksein erheblich belastet. Die meisten Freunde ermunterten mich zwar und sagten: »Wenn du uns brauchst, dann rufe einfach an!« Doch als sie nach meinem dritten Anruf immer noch keine Zeit finden konnten, gab ich enttäuscht auf. So kamen freundschaftliche Kontakte zwangsläufig immer seltener zustande, bis sie schließlich ganz aufhörten.

Meinen Beruf mußte ich endgültig aufgeben. Ich wollte es nicht wahrhaben. Es fiel mir unsagbar schwer, nicht mehr meiner liebgewordenen Arbeit nachgehen zu können, denn sie und das recht gute Betriebsklima hatten gerade in der letzten Zeit Gefühle entstehen lassen, auf dem »rechten Posten« zu sein.

Ich hatte eines meiner Ziele im Berufs- und Privatleben erreicht, und meine bisherige Arbeit begann Früchte zu tragen. Doch jetzt konnte ich nicht einmal die Hausarbeiten verrichten; es fiel mir alles aus den Händen, weil ich nichts richtig greifen und halten konnte. Mittags stand also kein Essen auf dem Tisch, wenn nicht meine eben erst eingeschulte Tochter dafür sorgte, also Kartoffeln schälte, Büchsen öffnete und das Essen nach meiner Anleitung zubereitete. Natürlich gab es bei aller Hilfsbereitschaft oftmals auch Tränen, wenn ihre Freundinnen sich bereits auf dem Spielplatz tummeln konnten, während sie noch mit Hausarbeiten beschäftigt war.

Unser Familienalltag hatte sich notgedrungen völlig geändert. Mein Mann und unsere Tochter mußten jeder für sich selbst sorgen und mich noch mitbetreuen. Wenn alle zufrieden sein wollten, war eine gut durchdachte Vorplanung notwendig. Dies war mir als einzige Aufgabe geblieben. Sie befriedigte mich nicht oder nur zum Teil.

Ich bin heute überzeugt davon, daß jeder MSler, der in größere und kleinere Planungen der Familie, in Wohnungsveränderungen, in Organisations-Abläufe und in Aufgabenbereiche einbezogen wird, nicht resignierend in der Gegenwart lebt, sondern mit diesen Aufgaben in die Zukunft wächst und damit Ängste bewältigt. – Ein nützliches Hilfsmittel ist dabei auch das Telefon. Es öffnet die Tür nach draußen, verbindet mit anderen Menschen, und es vermittelt das Gefühl – du bist nicht allein.

Zwar hatte ich nie das Gefühl, im Stich gelassen zu werden, aber dennoch leugne ich nicht, daß die täglichen Belastungen der Familienmitglieder an Überforderung grenzten; immer dann stieg ein Gefühl ohnmächtiger Wut gegen diese widerliche Krankheit in mir auf. Ich verdrängte sie und arbeitete mehr im Haushalt, als ich körperlich verkraften konnte. Die Folge: es ging alles schief und daneben, obendrein kamen ein seelisches Tief und Resignation hinzu; das aber war noch viel schlimmer als körperliche Gebrechen.

Das alles und meine eigenen Ungeschicklichkeiten bedrückten mich an solchen Tagen sehr. So hatte ich mir in der Klinik gedanklich das »Zuhause« nicht vorgestellt. *Ich spürte immer mehr – und dieser Gedanke drängte sich hemmungslos zwischen Hoffnung und Wirklichkeit – so kann es nicht weitergehen, es mußte etwas geschehen!*

Da stand wieder plötzlich vor meinen Augen die tief in meine Erinnerung eingegrabene Begegnung mit der etwa dreißigjährigen Frau eines im Rollstuhl sitzenden, hart getroffenen MS-Kranken im Sanatorium in Hirsau. Sie verkraftete das Kranksein ihres Mannes nicht und reglementierte ihn mit aller Boshaftigkeit. Er durfte nur tun, was sie für richtig hielt, sie warf ihm bei allen Gelegenheiten ihr durch seine MS verpfuschtes Leben vor und sagte ihm beiläufig, wenn sie mit anderen Männern schlief. Ihr Kommentar dazu: »Es ist doch ehrlicher so, als ihm die Treue vorzutäuschen.«

Sie hatten sich sicher einmal sehr geliebt, und nun war es ihr gleichgültig, ihren Partner qualvoll innerlich sterben zu sehen – er litt unsäglich darunter.

Nein, so sollte es zwischen uns niemals werden, sagte ich mir, auch wenn wir uns einst versprochen hatten »... in gesunden und kranken Tagen ...«

Dann kam der lang hinausgezögerte Abend. Ich faßte meinen ganzen Mut zusammen und sagte zu meinem Mann: »Was ich dir einmal alles zu sein versuchte, kann ich nicht mehr sein. Ich weiß jetzt, es ist besser, wenn du dir eine gesunde Partnerin suchst.« Das tat weh, aber ich meinte es ehrlich. Ich wollte keine Bürde sein, die er durch das Leben schleppen mußte. Er sollte nicht etwa aus Mitleid bei mir bleiben.

Ich muß nachträglich zugeben, daß blanke Verzweiflung aus mir sprach, daß ich an mich und an meine Zukunft dabei überhaupt nicht gedacht hatte, ebensowenig an die meines Kindes. Still und ergeben hoffte ich wohl auf irgendeine Lösung seinerseits, beinahe auf so etwas wie ein Wunder und war mir der ganzen Tragweite meiner Worte in diesem Augenblick auch nicht bewußt.

Mein Mann schwieg zunächst einmal und sah mich gedankenverloren und mit großen Augen an. Dann stand er auf, nahm mich in die Arme und sagte: »Aber Schatz, was redest du denn da für einen Unsinn? Schließlich habe ich dich aus Liebe geheiratet, du bist meine Frau. Was soll denn das für eine Liebe sein, die wegen einer Krankheit, welcher auch immer, zerbricht? Wie kann ich dich jetzt alleinlassen! Komm, wir reden mal darüber, was dich bedrückt.« Dann fügte er noch etwas Unvergeßliches hinzu: »Ich habe zwei gesunde Arme und Beine, die reichen für uns beide, wie du sehen wirst.«

Insgeheim hatte ich mir wohl nichts sehnlicher gewünscht als das, da meine Liebe zu ihm unverändert war. Ich atmete auf, schmiegte mich geborgen in seine Arme und nahm mir ernstlich vor, künftig alles in meinen Kräften stehende zu tun, um meine tiefe Dankbarkeit damit zu beweisen. *Es ist wichtig, bei jeder Krankheit und Belastung überhaupt, einen Angehörigen oder irgendeinen Mitmenschen zu finden, der zuzuhören versteht, zu dem man Vertrauen hat, bei dem man einmal alles aussprechen kann, was einen innerlich bewegt, bedrückt und belastet.*

Eine solche Aussprache kann vor allem dann wie eine Befreiung wirken, wenn der Gesprächspartner eigene Krankheitserfahrungen oder aber eine große Lebenserfahrung besitzt und ein Charisma ausströmt, das von selbst eine Atmosphäre des Vertrauens und ein Gefühl der Geborgenheit aufkommen läßt.

Jede Krankheit verändert den Alltag, verändert einen Menschen und sein Weltbild zwangsläufig. Der Kranke sucht besonders nach einem Licht und einem Halt in seiner Dunkelheit.

Am Abgrund

In der Zwischenzeit hatte mein Mann nach allerlei Haushaltsgeräten Umschau gehalten. Technische Hilfsmittel wie Kartoffelschälmaschine, elektrischer Büchsenöffner u. a. sowie ein Stuhl auf Rädern, mit dem ich mich durch die ganze Wohnung fortbewegen konnte, erleichterten nun mein Leben zu Hause. Dreimal wöchentlich half eine junge Frau im Haushalt.

Wegen meiner Gleichgewichtsstörungen konnte ich nicht, ohne mich irgendwo festzuhalten, durch einen freien Raum gehen. Darum wurden im Bad stabile Haltegriffe angebracht, und an den Wänden im Flur fand ich nun an Holzleisten besseren Halt.

Nun hätte ich doch wirklich froh und glücklich sein müssen. Ich war es auch, eine ganze Weile. Doch dann verschlechterte sich mein Zustand erneut, und mich erfaßte eine tiefe Verzweiflung, als ich sah, wie meine Angehörigen mitzuleiden hatten, wie sie in ihren Lebensmöglichkeiten eingeschränkt waren. Wie sie meinetwegen beinahe auf alles verzichten mußten, mein Mann wie auch meine Tochter, der ich so gern eine unbeschwerte Kindheit gegönnt hätte.

Wo waren meine großen Vorsätze geblieben? Eigentlich steckte in mir doch keine wankelmütige Natur, eher war ich ein auf Festigkeit und Klarheit bedachter und auf Aktivität eingestellter Mensch gewesen. Ich kannte mich selbst nicht mehr wieder. Die bisherige Besserung verlockte, fest daran zu glauben, die Krankheit im Griff zu haben; doch das war ein großer Irrtum.

Dieser schwere vierte Schub im Spätsommer 1970 machte mich erneut fast gehunfähig, beeinträchtigte meine Bein- und Armmotorik und warf mich zurück in den ganzen hilflosen Zustand mit all seinen Funktionsausfällen, seinen Ängsten, Leiden und Nöten.

Ich möchte dieses Kapitel am liebsten gar nicht erwähnen, möchte es ausradiert wissen aus meinem Leben. Und doch *gab* es diese tiefe Erbärmlichkeit, und ich muß heute davon schreiben, aus Ehrlichkeit zu mir selbst, der Umwelt und meinen Leidensgenossen gegenüber, die gleichen oder ähnlichen Gedanken und Versuchungen ausgesetzt sind. Ihnen möchte ich mit der Schilderung dieser absoluten tiefsten Stufe in meinem MS-Dasein sagen, daß jeder von uns in eine solche Krise trüber Verzweiflung geraten kann. Daß die ganze Hoffnungslosigkeit beinahe eine unausweichliche Situation im Leben eines jeden, hart von der MS geprüften Menschen darstellt. Ein solches leidvolles Jammertal muß irgendwann bewußt durchschritten werden, um es nur zu einer einzigen Station seines Krankenlebens werden zu lassen und um das Leben schließlich doch wieder lebenswert zu finden. Diese Offenheit möchte letztlich also denen noch einmal Mut machen, die im Begriff sind, sich aufzugeben und ihr Leben wegzuwerfen.

Mein Stimmungstief und die unablässig trübsinnigen Gedanken wurden, so sehe ich es im nachhinein, durch eine Kette scheinbar bedeutungsloser Begebenheiten ausgelöst: Schon beim Aufstehen fing es an. Meine Tochter, inzwischen zehn Jahre alt, fehlte mir an diesem Morgen. Wir hatten verschlafen, darum mußte sie sich beeilen, um noch rechtzeitig zur Schule zu kommen. Sonst half sie mir immer beim Anziehen. Ich konnte doch nichts allein; mich nicht richtig waschen und kämmen, keine Strümpfe anziehen, nicht in die Ärmel eines Kleides hineinfinden. Durch eine Ungeschicklichkeit kippte ich auch noch mit meinem fahrbaren Stuhl um. Es dauerte eine Ewigkeit, bis ich wieder hochkommen und den Hörer des läutenden Telefons abnehmen konnte. Meine Haushaltshilfe sagte ab, sie war krank geworden und fiel zu meinem Schreck also auch aus. Alles ging von nun an daneben. Geschirr zerschellte am Boden. Mit heißem Wasser verbrühte ich mir die Finger. Geschnittenes Brot war auch nicht mehr in der Trommel. Zu allem Überfluß fiel auch noch die Saftflasche auf den Boden, die ich mit meinen zitternden

Händen nicht hatte greifen bzw. festhalten können. Schließlich sagten auch noch liebe Freunde, auf die ich mich so gefreut hatte, ihren Besuch ab.

All das waren und sind tägliche, im Grunde bedeutungslose Ereignisse, die ich an anderen Tagen leichter hätte verkraften können; an dem Tag aber lösten sie ein verheerendes Stimmungstief aus. Ich drehte durch und hatte das Gefühl, daß eine Welt zusammenbrach. *Was sollte ich zitterndes Häufchen Elend nur noch auf dieser Welt!*

Ich erinnere mich noch heute schmerzhaft an meine tiefe Verzweiflung, an die Ausweglosigkeit meiner Situation und an die in mir aufgebrochenen selbstzerstörerischen Gedanken und Absichten. Es war ein Teufelskreis, aus dem es keinen Ausweg mehr zu geben schien. Das Alleinsein in der Wohnung erdrückte mich, nahm mir den Atem. Ich konnte es einfach nicht länger aushalten, nichts mehr selbst machen zu können, immer auf die Hilfe anderer angewiesen zu sein, mit Windeln herumzulaufen bzw. auf ihnen sitzen zu müssen. Nicht mehr lesen und schreiben, geschweige denn Worte deutlich aussprechen und mich anderen verständlich machen zu können. Existierte ich nicht nur als Wrack, das sich an den Wänden entlangtasten und Halt suchen mußte, das zu nichts mehr nütze und daher überflüssig war?

Ein für allemal aus und vorbei, dann falle ich auch niemandem mehr zur Last! Das war der einzige Gedanke, der mich beherrschte. Ich stand wie betäubt an einem Abgrund. Schluß machen mit dieser Misere, das schien mir das jetzt einzig Mögliche und Richtige.

Ich war fest entschlossen, mir das Leben zu nehmen. Es sollte so schnell wie möglich geschehen, aber meine zittrigen Hände vermochten es nicht zu tun. Nicht einmal das konnte ich mehr.

So viele Gedanken rasten durch meinen Kopf – aber jählings blieben sie stehen, als mein Blick auf die Eckbank fiel, wo der Teddy meiner kleinen Tochter saß. Mit einem Schlag war ich hellwach! »Wenn es Ihnen einmal ganz schlimm ergeht, dann denken Sie an Ihre Tochter, die Sie noch braucht!«

Dieser Satz meines Arztes wirbelte mir ernüchternd durch den Kopf.

Dieses Hin und Her, Auf und Ab zwischen Wach- und Betäubtsein war zuviel! Ich schrie auf, tastete mich mühsam zur Haustür, riß sie auf, wankte schluchzend und stammelnd über den Flur und lehnte mich gegen die Türklingel. Die Nachbarin mußte die Situation wohl gleich richtig erkannt haben. Sie zog mich, ohne viel zu fragen, in ihre Wohnung, bettete mich auf eine Couch und versorgte mich, bis mein Mann nach Hause kam.

Wie viele demütigende Erlebnisse und Erfahrungen muß ein Mensch an sich selbst gemacht haben, wie verzweifelt muß er sein, um so tief fallen zu können und den kostbarsten Besitz, den er hat, aufzugeben, sein Leben auslöschen zu wollen in dem Glauben, es nicht mehr aushalten zu können! Ein Mensch, der die in ihm steckende Angst vor dem Tode hinter sich gelassen hat, ist wohl wirklich mit seiner eigenen Kraft am Ende, sucht und braucht Hilfe, wie immer sie aussehen und wo immer sie herkommen mag. Da sagen liebe Mitmenschen empört: »Das tut man doch nicht, sich einfach so umbringen!«

»Einfach so« bringt sich wohl auch kaum jemand um und wirft sein Leben weg. Menschen, die in ihrem Weiterleben keinen Sinn mehr sehen können, sind bis zu dieser schwersten persönlichen Krise kraftlos viele Stufen herabgeglitten, sind vielleicht von Angehörigen und Mitmenschen lieblos im Stich gelassen worden, haben gelitten Monate und Jahre, haben nach Hilfe innerlich geschrien, und keiner hatte es gehört. Für mich kam diese Hilfe nicht zu spät. Der lichte Moment, der Gedanke an unsere Tochter und – es ist geradezu paradox – meine Hilflosigkeit, die Unfähigkeit, es zu tun, retteten mich. Und welchen Dank schulde ich dem fürsorglichen umsichtigen Handeln der Nachbarin am Tage meiner tiefsten Ohnmacht, meines – im wahrsten Sinne – erbärmlichen Zustandes, an den ich heute immer noch mit größter Aufgewühltheit und innerer Beschämung denken kann.

In einer erschreckenden Wirklichkeit verbreitet drückendes menschliches Elend immer Furcht und Schrecken um sich; aber erst wenn es hinter einem liegt, kann man seinen erbärmlichen Zustand auf andere Art sehen. *In allen Situationen des Lebens, in jeder Verwirrung gibt es noch einen Ausweg.* Eine wirksame Hilfe – ganz gleich welche – kann eine ganze menschliche Existenz bestimmen.

Ich bin dankbar dafür, daß ich lebe. Weiterlebe auch unter Belastungen und Schwierigkeiten, die viel Kraft kosten.

Aufbegehren

Doch zunächst folgte eine Zeit dumpfen Dahinbrütens. Es wurde Herbst, und die Bäume verloren ihre Blätter. Ihr Anblick verstärkte zusätzlich auch in den nächsten Wochen meine trübe, mutlose Stimmung. Dieser Trancezustand wollte nicht weichen. Angst war in mir vor jedem Alleinsein in den eigenen vier Wänden. Die Wohnung war mir irgendwie unheimlich geworden. Verzweifelt versuchte ich immer wieder, mich aufzuraffen und die niederdrückenden Schuldgefühle loszuwerden.

Ohne wirklich zu wissen, was eigentlich geschehen war, ließ mein Mann meine Mutter kommen, um mich nicht ohne Aufsicht und Betreuung zu lassen; denn mein körperlicher Zustand hatte sich eher noch verschlimmert. In Armen und Beinen war neben dem ständig unkontrollierten Zittern eine Gefühlsschwäche, die meine Beweglichkeit noch mehr lahmlegte. Nichts machte mir Freude. Hatte ich früher noch Gitarre gespielt, so mochte ich jetzt nicht einmal mehr meine geliebte Musik hören.

Meine Familie versorgte mich liebevoll. Sie halfen mir beim Anziehen und beim Essen, sie begleiteten mich zur Toilette und brachten mich auch ins Bett. Sie taten alles, restlos alles für mich. Wenn ich mal etwas Kraft spürte und mich nützlich machen wollte, hieß es gleich gutmeinend: »Laß man, ich übernehme das schon!«

Doch an einem Tag kam es bei mir zu einem verzweifelten Ausbruch. Mir riß der Geduldsfaden. Ich wollte endlich wieder selbständiger sein. Laut schluchzend stammelte ich mutig: »Nichts darf ich machen, alles macht ihr! Ihr nehmt mir jede Möglichkeit, auch wieder etwas tun zu können!« Meine Entladung verwandelte den Gesichtsausdruck meiner Angehörigen zunächst in Staunen. War ich undankbar? Opferte und machte meine Familie nicht alles für mich? Ich hatte es doch wirklich gut, wurde mit sehr viel Liebe gehegt und gepflegt, konnte zu Hause sein und brauchte auf keine Pflegestation. Doch ich wollte eigentlich nur ein bißchen nützlichen Zeitvertreib und durch Üben wieder selbständiger werden. Sicher hätte ich es meiner Familie auch anders sagen können. Nach einer Aussprache hatten sie jedoch Verständnis für meinen Aufschrei und waren für meine Hinweise sogar dankbar.

Sie waren stets damit beschäftigt, das Notwendige zu tun und meinten es gut. Doch auch ein kranker Mensch braucht eine sinnvolle Beschäftigung. Sie kann zu einem Bewußtsein der inneren Befreiung, zu einer Ablösung von der Gebundenheit an Krankheit und Behinderung verhelfen.

Endlich war in mir die Kreativität und der Wille zum Leben wieder erwacht; jetzt sollte es aufwärts gehen.

Ich erhielt nun regelmäßig Vitamin-B-Spritzen und zur Beruhigung Tranquilizer. Mein Mann trug mich jedesmal, wenn ich zu dieser Behandlung mußte, mehrere Treppen hinunter und hinauf. Eigentlich wollte der Arzt mich in eine Klinik einweisen. Die MS-Klinik »Wannseeblick« war inzwischen geschlossen. In eine andere Klinik wollte ich nach Möglichkeit nicht, sondern lieber regelmäßig in ambulanter Behandlung bleiben. Zur Besserung der Arm- und Beinataxie und der Gleichgewichtsstörungen verordnete mir der Arzt zweimal wöchentlich Krankengymnastik. Die Termine wurden so gelegt, daß mein Mann mich hinbringen und die Übungen mitlernen konnte. Ein auf Tonband gesprochenes Übungsprogramm half mir zusätzlich, nun auch zu Hause täglich mit Hilfe meines Mannes zu üben.

Anfangs bereiteten mir sogar im Liegen die einfachsten Übungen große Schwierigkeiten, aber als ich nach mehreren Wochen wieder allein stehen konnte, mußte die Gymnastin meine zu aktive Mitarbeit bremsen, denn jedes Zuviel bezahlte ich mit Verschlechterungen.

Ich mußte lernen, meine Belastungsgrenzen zu erkennen. Mein Rezept lautete: 30 Minuten Anstrengung, danach 60 Minuten ruhen; die vorherige körperliche Verfassung sollte etwa die gleiche sein.

Auch meine Gehbewegungen wurden nach und nach geordneter, ich fiel nicht mehr so oft hin, konnte sogar einen Stock halten und kleine Schritte damit wagen.

Nach Monaten intensiver Bewegungsübungen besserte sich mein Gesamtbefinden, so daß ich wieder belastungsfähiger wurde. Ich nahm am Geschehen um mich herum wieder Anteil, hörte Wort- und Musiksendungen. Ich konnte sogar wieder schreiben, wenn man mir half und den Bogen in die Schreibmaschine einspannte. Mit dem bewährten Einfingersystem der linken Hand dauerte es zwar recht lange, aber es ging. Auch meine Aussprache machte soweit Fortschritte, daß meine Worte besser verstanden wurden. Nun konnte ich sogar wieder telefonieren und so den Kontakt mit der Umwelt aufnehmen.

Ostern 1971 wagten wir bereits eine kleine Reise ins Fichtelgebirge. Das Zusammensein mit meinen Lieben, der Aufenthalt in der frischen Bergluft und der erwachenden Natur machten mir Freude, weckten spontane Aktivitäten in mir. Der Blick für das Schöne, das Natürlichste auf dieser Welt wurde wieder frei. In der anmutigen Landschaft mit den leichten Hügeln blühte es weit und breit, und der liebliche Duft lockte zum Tiefeinatmen. Ich spürte die strömende Kraft des Frühlings, die sich offensichtlich auf mich übertrug.

In diesen Augenblicken schönen Erlebens in der Natur merkte ich, wie gern ich doch trotz allem lebe.

Wieder daheim erwachte mein Selbsterhaltungstrieb mehr und mehr. Ich übte täglich kleine Handgriffe, um wieder selbständiger zu werden. Am Abend führte ich meine Leistungen stolz meiner Familie vor, die jedoch aus Besorgtheit mich nicht immer dafür lobte.

Wenn ich nicht als voll Hilfsbedürftige dastehen wollte, mußte ich vieles hinzulernen und *das rechte Maß zwischen Wollen und Können finden; denn jedes Zuviel bedeutete Rückschritte.* Im Vordergrund standen für mich die Fragen: Wie kann ich ein besseres Verhältnis zu meinem Körper bekommen, wie mit auftretenden Krankheitsfolgen umgehen und fertig werden, wie tagtäglich mit meinem Gebrechen leben? Dabei erkannte ich, daß seelisches Gleichgewicht eine bedeutsame Voraussetzung und die beste Garantie für das Gelingen der körperlichen Stabilität ist. Ich versuchte mein Verhalten zu steuern, um den Kampf aufzunehmen mit meiner Krankheit und mich besser beherrschen zu lernen.

Unsere Tochter hatte sich, trotz der Belastung durch meine zeitweilige Hilflosigkeit, zu einem netten, hilfsbereiten und selbständigen Menschen entwickelt. Sie interessierte sich für alles, was in der Natur zu finden war. Sie sammelte u. a. eifrig Steine, die sie dann nach Größe und Schönheit geordnet im Regal präsentierte. Natürlich liebte sie auch Tiere und wünschte sich so sehr einen kleinen Hund; war dann aber mit ihrem Meerschweinchen »Mohrle« auch zufrieden. Manchmal kam es vor, daß sie aus lauter Tierliebe eine junge Feldmaus, einen kleinen Vogel oder einen Frosch nach Hause brachte, weil sie meinte, das Tier sei krank und sie müsse es gesundpflegen. Ich mußte mich ernsthaft fragen, ob ihr das Verhältnis hierzu – Hilfsbedürftigkeit, Hilfsbereitschaft – nicht schon durch das tägliche Erleben um die kranke Mutter einprägsam mitgegeben wurde?

Durch das Verständnis und die Hilfe meiner Lieben und durch regelmäßiges beharrliches Training hatte ich nach fast einem Jahr erreicht, daß ich ohne Begleitung und sogar ohne Stock mit dem Bus zur Behandlung fahren konnte. An einem Septembermorgen im Jahre 1972 kam ich jedoch nicht einmal bis zur Bushaltestelle. Mir war irgendwie nicht gut. Ich mußte wohl in Schlangenlinien gegangen sein, denn hinter mir hörte ich Stimmen von älteren Leuten: »Na, wie geht die denn? Am frühen Morgen schon betrunken!«

Im Vorbeigehen starrten sie mich geringschätzig an. In diesem Augenblick erst begriff ich, daß die Bemerkungen mir gegolten hatten. Mein Gang wurde durch Gleichgewichtsstörungen noch unsicherer. Ich kam ins Stolpern und stürzte. Die Passanten, die mich soeben als Betrunkene abgestempelt hatten, drehten sich lediglich um, blieben stehen und lachten. Zu Hilfe kamen sie mir aber nicht.

Dieses demütigende Erlebnis werde ich nie vergessen! So schnell, dachte ich, urteilen und verurteilen die Mitmenschen, ohne zu prüfen.

Ein junger Mann, der es sichtlich eilig hatte, wohl um den Bus noch zu erreichen, warf, ohne etwas zu sagen, seine Büchertasche hin, half mir auf die Beine und fragte freundlich, wie er mir helfen könne und ob er einen Arzt holen solle. In dem Augenblick sah eine Bekannte, die mit ihrem Auto in die Stadt wollte, meine Hilflosigkeit, hielt sofort an und fuhr mich nach Hause.

An den folgenden Tagen verschlimmerte sich mein Zustand mehr und mehr. Sollten alle meine Bemühungen wirklich umsonst gewesen sein? Ich wollte es nicht wahrhaben. Doch es war klar, der MS-Hammer hatte wieder einmal zugeschlagen. Es war der fünfte Schub, der mich nun in die Neurologische Abteilung einer Klinik brachte. Eine medikamentöse Kombinations-Behandlung mit Cortison, neurotropen Vitaminen, Lioresal und eine nun schon vertraute vorsichtig dosierte Krankengymnastik als therapeutische Maßnahme auf neurophysiologischer Grundlage bewirkten, daß ich schon nach zwei Monaten zur ambulanten Weiterbehandlung entlassen werden konnte.

Es hatte sich gelohnt, maßvoll, jedoch so aktiv wie möglich, in der Therapie mitzumachen. Besser als je zuvor hatte ich diesmal verstanden, wie sehr es auch auf den MS-Kranken selbst ankommt, um einen Schub oder eine Verschlechterung besser zu überwinden.

Ich erlaubte mir von nun an keine Schwermütigkeit mehr und untersagte mir jedes Selbstmitleid. Meine Krankheit bekämpfte ich mit Verachtung; aus und vorbei – sie sollte mir die Lebensweise nicht mehr diktieren. Ich wollte wieder Freude am Leben haben und zur Gemeinschaft dazugehören; ich wollte mir von jetzt an herausnehmen, sinnvoll zu leben. Mein Aufbegehren ist so zu einer wegweisenden Erkenntnis geworden, und es wurde mir klar, daß wir unseren Körper und was er uns stellvertretend durch die Krankheit sagen will, ernster nehmen sollten; denn er wird sich solange wehren, bis wir uns bequemen, eine ehrliche Einstellung zu ihm, zur Krankheit und den Lebensproblemen zu gewinnen.

In den nächsten zwei Jahren ging es mir recht gut. Ich hatte mich mit meiner Krankheit auseinandergesetzt und sie nun, nach sieben Jahren, endlich als zu meinem Leben gehörig angenommen.

Die Angst vor dem Rollstuhl

Alles, was ich mir vorgenommen hatte und alle bisherigen Erkenntnisse reichten jedoch nicht aus. Ich mußte bei der Überwindung des sechsten Schubs im Jahre 1974 wieder geduldig hinzulernen. Mehr als drei Monate brachte ich wieder in der Klinik zu.

Körperlich gesehen hatte die heimtückische Krankheit diesmal am heftigsten zugeschlagen. Nichts unterlag mehr meiner Willenskraft, die ich doch so geübt und gestärkt zu haben glaubte. Alle nur denkbaren Ausfälle traten bei dieser mehrmonatigen Bettlägerigkeit zutage. Sensibilitäts-Störungen und spastische Lähmungen erstreckten sich auf den gesamten Körper. Seh- und Gleichgewichtsstörungen erschwerten das Orientieren und Konzentrieren. Auch Blasenstörungen machten mir schwer zu schaffen, weil durch die Nässe mit der Zeit stärkere Hautreizungen auftraten.

Diesmal war das Atmen besonders erschwert, mein skandierendes, abgehacktes Sprechen so hinderlich und anstrengend, daß ich lieber schwieg. Selbst flüssige und halbflüssige Speisen wagte ich kaum zu mir zu nehmen, weil mein Schluckreflex derart gestört war, daß die Nahrung – wie man sagt – in die falsche Kehle geriet, also einen Erstickungshusten oder ein krampfartiges Erbrechen hervorrief und dabei Kleidung und Bettzeug verschmutzt wurden. Oft mußte mehrmals am Tage das Bett neu bezogen werden. Ich konnte weder stehen noch gehen, weil meine Beine völlig versagten. Nichts ging mehr mit eigener Muskelkraft. Es half in diesem Zustand alles nichts mehr, nun mußte ich doch, so oft es nötig war, den so gefürchteten Rollstuhl benutzen. Zu viele ungute Erinnerungen mit anderen Patienten waren damit verbunden.

Von nun an stand der Rollstuhl Tag und Nacht neben meinem Bett wie ein ständiger stummer Helfer. In ihm hatte ich einerseits durch die Armlehnen eine Möglichkeit, die ataktischen Bewegungen der Arme besser unter Kontrolle zu bringen. Jedoch konnte und wollte ich mich nicht mit ihm anfreunden, lehnte ihn innerlich ab, weil die tiefe Angst in mir steckte, nie mehr aus ihm herauszukommen.

Zunächst versuchte ich, ihn zu ignorieren und nicht zu benutzen. Eigensinnig rutschte ich eines Tages aus dem Bett heraus und versuchte, mich am Nachttisch festhaltend, auf die Beine zu stellen, um ohne Hilfe an das nahe Fenster zu gelangen. Ich wollte nur einmal in den Garten hinunterschauen, etwas anderes sehen als immer nur die weißen sterilen Wände. Doch ich glitt aus und schlug der Länge nach auf den Boden. Zum Glück passierte mir nichts weiter. Eigentlich hätte ich nun gewarnt sein müssen. In meiner Unbelehrbarkeit handelte ich mir bei weiteren Versuchen immer mehr blaue Flecken ein und bezahlte so alle derartigen Experimente. Statt vernünftig zu sein und eine Besserung abzuwarten, wollte ich einfach nicht aufgeben. Schwestern und Ärzte sparten nicht mit heftigen Vorwürfen: »Seien Sie doch vernünftig und benutzen Sie den Rollstuhl. Er ist im Augenblick für Sie unentbehrlich.« Endlich gehorchte ich und setzte mich, wenn auch immer noch innerlich widerstrebend, in den Rollstuhl. *Nach und nach gelang es mir tatsächlich, in ihm einen Helfer zu sehen, der meine Lage wesentlich erleichterte.*

Bald brauchten mich die Schwestern auch nicht mehr zur Krankengymnastik zu fahren, weil es mir nun allein gelang. Mein Bewegungsradius wurde dadurch größer; ich kam mit mehr Menschen in Kontakt, denn ich konnte tagsüber mit dem Rollstuhl das Zimmer verlassen. Dafür war ich besonders dankbar, denn die äußeren Umstände im Fünfbettzimmer belasteten mich zusätzlich.

Im Bett neben mir lag eine alkoholkranke Patientin, die immer wieder heimlich aus der im Bett oder Nachttisch versteckten Flasche trank. Sie und ihre Umgebung rochen dementsprechend unangenehm. – Eine andere, ungeduldige und streitsüchtige, wohl durch ihre Krankheit vergrämt aussehende Frau im Bett gegenüber sorgte für Unruhe bei allen. »Ich kann Ihr Gestotter nicht verstehen, schweigen Sie lieber!« herrschte sie mich an. Ich schwieg! Doch auf dem Gang versuchten Patienten mit mir ins Gespräch zu kommen, obwohl mein lallendes, abgehacktes Sprechen wirklich nur schwer zu verstehen war. Sie alle machten mir Mut, und einige gaben mir durch ihr Beispiel neue Hoffnung.

Unversehens war meine Energie in eine andere Richtung gelenkt. Der Rollstuhl wurde zu einem zusätzlichen Übungsgerät und half mir mehr und mehr, meinen Körper und seine Bewegungen wieder zu beherrschen und auch zuversichtlicher gestimmt zu sein. Jetzt merkte ich, welch ein Narr ich vorher war. Ich hatte denjenigen geglaubt, die immer sagten: Wenn man im Rollstuhl sitzt, dann ist man kein vollwertiger Mensch mehr, und dann verlernt man das Gehen garantiert. – Nun merkte ich, daß das nicht stimmte. Es war eine einschneidende Erfahrung, Geduld zu üben und nicht zu verzagen – ein unfreiwilliger Lernprozeß.

Waren es die verordneten Medikamente oder die verständnisvolle Anordnung des Arztes, mich in meinem Bewegungsdrang gewähren zu lassen, die geduldige Hilfe der Schwestern und Therapeuten oder wiedererlangte Energien, vielleicht sogar alles zusammen, was bewirkte, daß nach wochenlangen Mühen mein Zustand sich sichtlich besserte? Allmählich kam ich, im wahrsten Sinne des Wortes, Schritt für Schritt wieder auf die Beine. Als ich eines Tages den Rollstuhl ein Stückchen vor mir herschieben konnte, weinte ich vor Freude. Nun war ich wieder zuversichtlicher. Das gab Aufschwung – ein Neuanfang war gemacht.

Der Erfolg machte mich freier, stärkte mein Selbstbewußtsein und löste Freude nicht nur bei mir aus; sie wirkte auch auf die Menschen meiner Umgebung, die mich in meinen Bemühungen gestärkt und zu diesem Erfolg beigetragen hatten. Weitere Wochen nach meiner Entlassung aus der Klinik war es dann soweit, daß ich nur noch einen Gehwagen und später Krücken als Gehhilfe benötigte. Als ich dann sogar eine kleine Treppe, zwar mühselig, aber allein schaffte, war das wie ein Sieg.

Ich kann jedem MS-Kranken nur raten, sich einem solchen

oder ähnlichen Lernprozeß freiwillig zu unterwerfen und nicht in einer Art Panik, wie ich, den Rollstuhl als Schafott, sondern als eine Lebenserleichterung zu erkennen und dankbar zu sein, daß es dieses Hilfsmittel gibt.

Allerdings ist es bei manchen Menschen, besonders bei jenen, die von Natur aus zur Bequemlichkeit neigen, mit den »Hilfsmitteln« so eine Sache. Sie werden vielleicht etwas länger als nötig einen Rollstuhl oder sonstige Hilfsmittel benutzen. Doch damit kann eine Besserung der Beweglichkeit auch entschieden verzögert werden. Die Erfahrung hat gezeigt, daß es nach einer Verschlechterung oder nach einem Schub zu einer Besserung nur kommen kann, wenn wir, trotz allfälliger Widerstände, »maßvoll« üben und nochmals üben, damit die Muskelkraft wieder gestärkt wird und nicht ganz versiegt.

Ich leugne nicht, daß der Weg zu dieser Erkenntnis und der positiven Grundeinstellung vor allem anfangs nicht leicht ist. Ich habe die meisten vermeidbaren Fehler selbst begangen. Es verlangt viel, viel Ausdauer und Disziplin. *Wir müssen also lernen, Geduld zu üben und Hilfsmittel anzunehmen, bis soviel Kraft da ist, aus dem Rollstuhl herauszukommen und wieder Schritt für Schritt zu trainieren. Die Hoffnung und den Willen dazu sollte sich jeder zumindest bewahren.*

Nun mag man dagegen einwenden, daß ich schlichtweg Glück gehabt hätte, da ich ja nicht mehr im Rollstuhl sitzen mußte. Aber ein MS-Kranker weiß genau, daß die unheimliche Krankheit auch mich morgen schon wieder treffen kann, daß der Rollstuhl wieder mein Helfer sein muß. Ich wünsche mir das wirklich nicht, aber ich bin nun darauf vorbereitet und habe weniger Angst davor.

Den Neuanfang wagen

Kein noch so guter Arzt, kein noch so gutes Medikament und keine noch so gute Therapie können bei der Multiplen Sklerose bewirken, was die eigene innere Haltung zuwege bringen kann. Die Einstellung zur Krankheit ist ein ganz entscheidender Faktor. Je größer die Einsicht, je gefestigter der Wille, um so mehr vermögen Körper und Seele den Widerstand zu leisten, der nötig ist, um die vielfältigen Belastungen zu verkraften, die gerade die MS-Krankheit in ihrer völligen Unberechenbarkeit mit sich bringt. Der Einfluß der Umgebung, das Mitwirken der Angehörigen können als weitere Komponente eine große Hilfe sein, um dem Gefühl des ohnmächtigen Ausgeliefertseins Einhalt zu gebieten. *Wenn ein Behinderter auf sich allein gestellt ist, stößt er schnell an seine Grenzen. Im Zusammenwirken mit anderen kann er besser mit sich und seinem Alltag fertig werden.*

Ich habe dies alles am eigenen Leibe gespürt, als ich zwei Jahre später, also 1976, aus der Großstadt mit ihren vielen bedrückenden Klinikerinnerungen zur weiteren intensiven Behandlung zur Rommel-Klinik nach Bad Wildbad fuhr. Belebend empfand ich das milde Schwarzwaldklima und die völlig andere, aufgelockerte Atmosphäre in der Klinik. Dieser Wechsel war auch deswegen angenehmer, weil mein Mann mich begleiten und im selben Zimmer mit mir wohnen durfte. Ich war von Herzen froh darüber und lebte in dieser Zeit förmlich auf. Mein Mann half mir beim An- und Ausziehen, versorgte mich beim Essen und verrichtete damit als Angehöriger und Vertrauter alle Dienste, die sonst ein fremder Mensch hätte leisten müssen. *Ich betone an dieser Stelle diese Gedanken so sehr, weil ich damit die wichtige Rolle noch einmal ansprechen möchte, die die Angehörigen im Dasein eines MS-Kranken spielen. Sie können den Krankheitsverlauf entscheidend positiv oder auch negativ beeinflussen.*

Eigentlich ist es wohl selbstverständlich, dem Kranken beizustehen und soviel wie nötig und möglich zu helfen. Andererseits muß der Erkrankte bereit sein, Hilfe anzunehmen, zugleich aber muß er darauf bedacht sein, möglichst viel Selbständigkeit bei der Fortbewegung und den Verrichtungen des täglichen Lebens zu behalten und in seinem Interesse eigene Aktivitäten zu entwickeln. Das ist in vielen Fällen sicher leichter gesagt als getan. Es bedarf von beiden Seiten einer großen Willenskraft, Zuneigung und Toleranz. Fehlt es daran, werden nicht selten Schwerkranke von ihren Partnern im Stich gelassen oder für immer verlassen. Diese besondere Hilfeleistung erfordert außergewöhnliches Fingerspitzengefühl.

Es ist ein moralischer Kampf des MS-Kranken gegen ein Leiden, aus dem es keinen Ausweg zu geben scheint, und dem die Wissenschaft und ihre Forscher unglücklicherweise machtlos gegenüberstehen. Es ist eine Krankheit, von der ein Mensch plötzlich und unerwartet überfallen wird und bis zu einem gewissen Grad auch seine Familie und seine Nächsten. Zwangsläufig verändert diese Krankheit einen Menschen und sein Verhalten sehr.

Darum reagieren Kranke oft überempfindlich, manchmal sogar aggressiv auf das Angebot der Hilfe, weil sie letztlich mit ihrem Leiden nicht fertig werden können, in Selbstmitleid verfallen und sich in ihrer Hilflosigkeit und Resignation isolieren. Natürlich steckt auch Angst dahinter vor dem Unbekannten, vor einem vielleicht unerträglichen Leben: Hingegen kann aber ein allzu starkes, ängstliches Anklammern des Kranken an den gesunden Partner oder an Familienangehörige und das Bemühen, ihn oder sie allzusehr zu binden, leicht das Gegenteil bewirken und dadurch früher oder später zum Ende der Beziehung führen. Schließlich braucht auch der gesunde Partner einen Freiraum, ein Stück Freiheit zur Erhaltung seines Ichs und zur Entfaltung eines Eigenlebens. Darum muß der Kranke, wenn es nötig wird, auch Hilfe von außen annehmen können, um seine Angehörigen nicht zu überfordern.

Mein Aufenthalt in der Rommel-Klinik diente vorrangig der Intensivbehandlung. Durch steigernde Belastung wurde die Funktionsfähigkeit der Muskeln mobilisiert. Neben Krankengymnastik und einer medikamentösen Aufbaubehandlung gehörte auch die sogenannte Hippotherapie zweimal wöchentlich zu meinem Übungsplan.

Vom therapeutischen Reiten für körperbehinderte Kinder haben vielleicht schon viele gehört, doch weniger bekannt ist die Hippotherapie als hilfreiche krankengymnastische Übungsbehandlung für Multiple Sklerose-Kranke und für andere Menschen mit neurologischen körperlichen Funktionsausfällen.

Warum Hippotherapie oder therapeutisches Reiten? Und was kann eine solche Therapie bewirken? Es handelt sich nicht um das normale »Reiten« etwa in den Disziplinen: Dressur-, Spring- oder Geländereiten. Hippotherapie und Reiten haben nur das Medium Pferd gemeinsam.

Für MS-Kranke ist, im medizinisch-therapeutischen Bereich, die »Hippotherapie« eine bemerkenswerte, ergänzende und sehr hilfreiche krankengymnastische Übungsbehandlung mit und auf dem Pferd. Sie wird von Ärzten verordnet und überwacht, von eigens dafür geschulten Krankengymnasten durchgeführt auf Pferden, die Pferdefachleute für diesen Dienst ausgebildet haben. Zur Therapie eignet sich nicht jedes Pferd. Das Aufsitzen aus dem Rollstuhl oder aus dem Stand ist für den spastisch Behinderten selbst mit der Unterstützung der Helfer anfangs recht schwierig. Die Pferde müssen darum besonders geschult sein, ein paar leichte Stöße vertragen können und lammfromm an der Rampe stehen, bis der Patient auf dem Pferd sitzt. Jeder wird individuell, im Hinblick auf seine Behinderungsprobleme behandelt und trainiert.

Bei Multiple Sklerose sowie bei bestimmten Erkrankungen und Schädigungen des Stütz- und Bewegungsapparates, des zentralen und peripheren Nervensystems, erzielt die Hippotherapie, in Ergänzung zur krankengymnastischen Behandlung, Erfolge, die durch Krankengymnastik allein, in dem

Maße, nicht zu erreichen sind. Hippotherapie schult das Gleichgewicht, die Koordination, Symmetrie der Bewegungen und Reaktionsfähigkeit. Sie lockert Spastik, fördert die Durchblutung, Herz-Kreislauf-Tätigkeit und die Atmung. Sie hat lockernde und kräftigende Wirkung auf die Muskulatur des ganzen Körpers.

Das Pferd ist dabei für den MS-Kranken ein vorurteilsfreier Übungspartner, der ihn so akzeptiert, wie er ist. Diese Partnerschaft zwischen Pferd und Mensch motiviert Herz und Sinne auf einzigartige Weise. Das Pferd wird am Langzügel im Schritt geführt, und die Therapeutin oder der Therapeut geht nebenher, um Hilfestellung zu leisten und Übungsanweisungen zu geben. Der Patient lernt in seiner zehn- bis zwanzigminütigen Behandlung, das Gleichgewicht zu halten, erst eine, dann die andere Hand loszulassen und sich in die Bewegung des Pferdeganges hineinzuschmiegen. Ein Großpferd überträgt im Schritt 90–110 Schwingungsimpulse auf den Therapie-Teilnehmer. Dessen Körper beantwortet diese Impulse mit mehrdimensionalen Bewegungen: hoch/tief, vor/zurück, Seite zu Seite und Rotation. Diese vom Pferd stimulierten Bewegungsmuster entsprechen denen der menschlichen Schrittbewegung, sie helfen dem Körper Aufrichtung und Gehen zu entwickeln.

Durch diese Bewegungsübertragung wird eine besonders intensive Lockerung erreicht. Diese geht so weit, daß beim Absteigen manche Patienten minutenlang große Mühe haben, sich auf den Beinen zu halten und nicht zusammenzusacken. Ich selbst mußte häufig gestützt oder sogar getragen werden und eine ganze Weile sitzen, bis sich allmählich soviel Festigkeit einstellte, daß ich aufstehen und wieder gehen konnte. Doch danach konnte ich viel besser laufen und Dinge tun, wozu sonst meine Kraft nicht reichte.

Zweimal Hippotherapie in der Woche und die tägliche Krankengymnastik erzielten durch die Lockerung der Spastizität eine über das gewohnte Maß hinausgehende, deutliche Verbesserung der Geh- und Bewegungsfähigkeit und damit auch eine Zunahme an Selbständigkeit. Bei mir waren die günstigen Auswirkungen dieser Therapie so gut, daß mein Mann in der Freizeit meine Unternehmungslust bremsen und mich zum Maßhalten ermahnen mußte.

Es waren wohltuende, erfolgreiche Wochen in der Klinik; eine Tankstelle für Körper und Seele. Ich versprach bei der Abschlußuntersuchung, regelmäßig wiederzukommen und nicht erst eine Verschlechterung abzuwarten.

»Stationäre Wiederholungsbehandlungen in regelmäßigen Zeitabständen« – das waren die jährlichen Aufenthalte in der Bad Wildbad-Klinik für mich – »sind in Deutschland seit einigen Jahren erfreulicherweise keine Utopie mehr. Vielmehr ist erkannt worden, daß sie der Festigung und Besserung des Gesundheitszustandes allgemein dienen, Rückfälle verhindern helfen und vor allem zur Verbesserung bzw. Wiedererlangung der Bewegungsfähigkeit beitragen. Behandlungen dieser Art werden in den meisten Fällen durch Krankenkassen, Beihilfen und anderen Versicherungsträgern ermöglicht.« (Käthe Wilbrand, »DMSG-Aktiv, 1988«)

Ich war wie befreit, alles schien leichter. Ich hatte das angenehme Gefühl, daß mit eigener Energie, eisernem Willen und der Hilfe anderer bei entsprechendem Maßhalten eigentlich nichts mehr unmöglich war. Die Tür nach draußen tat sich auf, das Leben öffnete sich beinahe von neuem nach allen Seiten.

Mein Selbstwertgefühl stieg durch die verschiedenen Beschäftigungen, denen ich als Hobby nachgehen konnte. Auch wenn es dabei Schwierigkeiten zu überwinden galt und Arme und Hände nicht immer alles mitmachen wollten, erlebte ich gute Erfolge, die meinen seelischen und körperlichen Aufwärtstrend förderten. Besondere Freude machte mir die Porzellanmalerei, deren Kurse ich in der Volkshochschule Jahr für Jahr belegte. In der Großstadt hat man zwar viele Möglichkeiten, kreativ zu sein. Aber wir müssen uns schon selbst bemühen, Kontakte zu finden, Vertrauen zu uns selbst zu haben und in der Umwelt zu wecken und zu stärken, indem wir mit größter Selbstverständlichkeit an Kursen teilnehmen, uns musisch oder handwerklich zu unserer eigenen Freude fortbilden. *So lernen alle Kursbeteiligten, daß Behinderte genau so ein Recht auf Weiterbildung haben und Erfolgserlebnisse brauchen wie alle anderen Menschen auch.*

Natürlich gehörte besonders am Anfang Mut dazu, mich unter die gesunden Hobbykünstler zu wagen. Um mit meinem holperigen Gang am Stock nicht so aufzufallen und von den Teilnehmern nicht angestarrt zu werden, sorgte ich dafür, daß ich schon frühzeitig vor Beginn des Arbeitens meinen Platz eingenommen hatte. Natürlich blieb meine Behinderung nicht unbemerkt. Ich traf jedoch auf Verständnis und Hilfsbereitschaft und konnte mich bald in die Malgruppe integriert fühlen. Dazu trug besonders das einfühlsame Verhalten des Dozenten bei, der meine handwerkliche Geschicklichkeit und künstlerische Veranlagung förderte. Gern nahm ich seine Anregungen und Motivvorschläge auf.

Regelmäßig ging ich nun auch wieder in Berlin zur Krankengymnastik. Eines Tages erzählte ich meiner Therapeutin von meinen Erfolgserlebnissen bei der Hippotherapie in Bad Wildbad. Überrascht erfuhr ich, daß sie selbst eine begeisterte Reiterin war. Sie versprach, mir zu helfen und mich in ihrem Reitverein einzuführen.

Von nun an erhielt ich auch in Berlin, in Zusammenarbeit mit meiner Therapeutin und dem ebenfalls in der Hippotherapie kundigen Reitlehrer, einmal in der Woche, in der dortigen Reithalle, diese ergänzende krankengymnastische Behandlung auf dem Pferd. Ich war froh und dankbar. Nach Überwindung bereits geschilderter Anfangsschwierigkeiten besserte sich zusehens meine Kondition. Mit der Zeit wurde ich sicherer und belastbarer und bekam immer mehr Freude an dem Umgang mit Pferden. Es entwickelte sich schnell ein gutes Verhältnis zu meinem Pferd »Lumpi«. Ich hatte sogar das Gefühl, es erspürte mein jeweils besseres oder schlechteres Befinden und verhielt sich entsprechend. Der Vierbeiner war mein treuer Übungspartner geworden. Die Hippotherapie verstärkte meine positive Entwicklung so sehr, daß ich es bis heute nicht mehr aufgegeben habe.

Dankenswerterweise verzichteten der Reitlehrer und

ebenso meine Therapeutin auf das sonst übliche Extrahonorar. So war die finanzielle Belastung für mich tragbar. Diese Therapie wurde damals, von nur wenigen Ausnahmen abgesehen, von den Kassen nicht bezahlt; doch inzwischen geben viele Krankenkassen und andere Stellen, auf individuellen Einzelantrag, ihre Zustimmung zur Kostenübernahme.

Im Sommer des Jahres 1977 flog ich, diesmal sogar allein, mit dem Flugzeug nach Stuttgart und ließ mich vom Flughafen abholen. Ich war froh, die Möglichkeit zur Intensivbehandlung im Schwarzwald gefunden zu haben und nicht mehr den für mich oft so bedrückenden Krankenhaussituationen mit ihren seelischen Belastungen, in monotoner Umgebung, ausgesetzt sein zu müssen. Hier in der Rommel-Klinik ging alles viel freier und persönlicher vonstatten. Keiner war nur auf sein Zimmer angewiesen. Das Essen wurde gemeinsam im gemütlichen, stets mit Blumen geschmückten Speiseraum eingenommen. Es gab Aufenthaltsräume als Treffpunkt für Gespräche, und seit ein paar Jahren lädt eine vom Hause engagierte Patienten-Betreuerin zum inzwischen sehr beliebten »Donnerstags-Gespräch-Nachmittag« ein.

Ich konnte in dieser Zeit recht gut mit dem Stock gehen und war dadurch beweglich genug, nun allein die verschiedenen Räume aufzusuchen. Die individuelle Behandlung, die auf eine ganzheitliche Therapie zielte und unter Berücksichtigung der raschen Ermüdbarkeit des MS-Kranken dreimal täglich Übungen von etwa 25 Minuten Dauer vorsah, war ganz auf den Alltag des Kranken ausgerichtet. Übungen auf der Matte, spezielle rhythmische Stabilisation des Rumpfes, der Hüft- und Beinmuskulatur, in Rücken- und Seitenlage, im Sitzen und Stehen, konzentrierte Gehübungen sowie die Hippotherapie gehörten zu meinem täglichen Behandlungsplan.

In der Freizeit konnte ich schon bald kleine Spaziergänge zusammen mit anderen Patienten im Kurpark wagen. Bei diesem Spazierengehen oder Verweilen auf einer der vielen Bänke ergaben sich so manche Gespräche, die dem Gemüt Kraft gaben. Wer nicht mehr lachen konnte, lernte es hier wieder. Gewiß – jeder mußte sein Los selbst tragen, aber hier hatte man auch den Mut, über sich selbst zu sprechen. Jeder fand Verständnis und vor allem das vielleicht schon lange gewünschte »Ohr«, das Zeit hatte und wirklich zuhören wollte. *Wir alle wurden dankbarer, bescheidener, ja zufriedener, wenn wir vom Schicksal des anderen hörten. Es war ein gegenseitiges Geben und Nehmen.*

Krankheit und Leid sind in einer solchen, sehr auf das seelische Wohlbefinden bedachten Klinik und Umgebung leichter zu ertragen. Dennoch gab es auch hier Kranke, die ihr Schicksal sehr schwer verkrafteten, denen Mutlosigkeit und Resignation ins Gesicht geschrieben standen, die sich hier zwar besser fühlten, aber die Angst vor ihrem Alltag nach der Entlassung nicht los wurden. Ein Glück, wenn Patienten im Hause sind, die trotz eigenen Leides die Kraft haben, sich anderer in Gesprächen anzunehmen. Schwierigkeiten im zwischenmenschlichen und familiären Bereich sind häufig auch Ursachen für die schlechte körperlich-seelische Verfassung solcher Patienten. Derartige Verhältnisse sind geradezu ein Hindernis, die richtige Einstellung zur Krankheit zu finden, sich ihr mit Mut und Zuversicht zu stellen und die Hoffnungslosigkeit zu überwinden.

Besonders tief ist die innere Erschütterung dieser Patienten, wenn durch ihre eigene Ohnmacht die Partnerschaft in Gefahr gerät und Trennung, Heimeinweisung oder Scheidung die Folge sind. Die ganze Tragik eines solchen Geschehens und seiner verheerenden Folgen erlebte ich bei diesem Aufenthalt aus nächster Nähe am Schicksal meiner auf den Rollstuhl angewiesenen MS-kranken Bettnachbarin mit. Geradezu niederschmetternd mußte auf sie die Tatsache wirken, daß, entgegen allen bisherigen hoffnungsvollen Versprechungen, ihr Ehemann anläßlich des ersten Besuches in der Klinik ihr unverblümt die Mitteilung machte: »Ich habe die Scheidung eingereicht. Ich bin in meinem Beruf als Architekt von früh bis spät beschäftigt und will noch weiterkommen. Eine kranke Frau kann ich jetzt einfach nicht gebrauchen, das mußt du einsehen! Ich möchte deine Einwilligung dazu, daß ich unseren Sohn bei mir in unserem Haus behalte und für dich eine Wohnung anmiete, in der du mit unserer Tochter zusammenleben kannst.«

Auch wenn seine Frau nicht ganz ahnungslos gewesen war, traf sie diese schonungslose Aussage wie ein Schlag. Was nun? Wie sollte die hilfsbedürftige Mutter mit ihrer erst vierjährigen Tochter zusammenleben und allein fertig werden? Ihr Zustand ließ ohnehin wenig Hoffnung auf Besserung in absehbarer Zeit erkennen.

»Hauptsache ist, daß er die ganze Welt gewönne, auch wenn er Schaden nähme an seiner Seele...« – Wie oft mag das MS-Schicksal so hart zuschlagen, Frauen, Männer und Kinder treffen, Ehen auseinanderbringen? Familien zerreißen? Wie kann ein kranker Mensch so eine problematische Lebenssituation verkraften? Was ich damals bei dieser jungen Frau angesichts ihrer ganzen körperlichen und seelischen Schwachheit kaum geglaubt habe, ist eingetreten, sie schaffte es, auch ihr gelang es, sich herauszunehmen zu leben. Ich habe heute noch brieflichen Kontakt zu dieser Frau. Ihre Ehe wurde geschieden. Sie schüttelte das bis dahin gelebte Leben förmlich ab. Sie begann wieder ganz von vorn und fand damit eine echte Chance für ein neues Leben. Es wurde für sie eine ganz wichtige neue Aufgabe, dem einen Kind eine liebevolle Mutter zu sein.

Dieses Beispiel zu verallgemeinern, wenngleich die Entwicklung hier doch noch positiv verlief, wäre aber ungerecht gegenüber den vielen Angehörigen, die dem Erkrankten hilfreich zur Seite stehen und eine Aufgabe darin sehen, sein Los zu erleichtern. Ein Beispiel für ein so positives Partnerschaftsverhalten erfuhr ich, als ein etwa fünfunddreißigjähriger Mann mir von seiner MS-kranken Frau erzählte und gestand: »Es war nicht leicht, den ersten Schock zu überstehen, als meine Frau so plötzlich erkrankte. Unser geplanter Hausbau mußte zurückgestellt werden. Nachdem meine Frau nicht mehr laufen und sich nur noch mit dem Rollstuhl fortbewegen konnte und auch nicht vorauszusehen war, ob sich das jemals zur Besserung ändern würde, habe ich entsprechend umgeplant. Nach zwei Jahren zogen wir in ein rollstuhlgerechtes Haus ein. Die schöne neue Umgebung gaben Mut, Hoffnung und Aufschwung. Meine Frau war eigentlich in dem fahrbaren Butler, wie sie ihren Rollstuhl nannte, eine kleine Akrobatin geworden und erledigte nun in Haus und Garten fast alle vorkommenden Arbeiten. Im Garten, aber auch schon im Blumentopf am Fenster, wuchsen im wahrsten Sinne des Wortes ihre Erfolgserlebnisse aus der Erde. Ein paar Samenkörner in feuchtgehaltener Erde, und sie erhielt schon bald den Lohn. Wenn meine Frau im Sommer auf der Terrasse saß und in ihren Blumengarten schaute, strahlte Zufriedenheit aus ihren Augen, und ich freute mich mit ihr. Es dauerte noch ein Jahr, dann brauchte sie ihren Rollstuhl immer weniger. Heute steht er nur noch im Keller, für den Fall, daß er noch einmal gebraucht wird; denn bei der MS weiß man ja nie, was kommt – man wartet angstvoll auf den nächsten Schub.«

Jeder Behinderte sollte ein kleiner Gärtner werden, denn schon das Keimen und das Wachsen, das Blühen und Fruchttragen täglich zu beobachten, aber auch das Welken und Absterben einer Pflanze zu erfassen, ist dem menschlichen Leben vergleichbar. Der Kranke kann sich damit beschäftigen, er kann daraus Wesentliches lernen, und er findet damit eine willkommene Gelegenheit, einen großen Teil empfangener Liebe zurückzugeben, indem er zum Beispiel anderen mit seinen selbstgezogenen Pflanzen Freude schenkt.

Ein Leben am seidenen Faden

Durch die Ausweitung meines Lebenskreises, durch die Begegnungen mit anderen Menschen war ich freier und unbefangener geworden, hatte gelernt, auch von mir zu erzählen und freimütiger über meine Krankheit zu sprechen. Wie von selbst war damit eine positive Einstellung einhergegangen, eine größere Aufgeschlossenheit in mir eingekehrt.

Meine Anteilnahme am Geschick anderer Menschen hatte mein Gesichtsfeld geweitet und die Einstellung zu meiner eigenen Krankheit positiv beeinflußt. Das war gut so, denn schon bald sollte ich viel Kraft brauchen für eine neue, mein Leben nun noch von einer anderen Seite her bedrohenden Krise.

Wenn ein Mensch gegen eine Krankheit kämpfen muß und sei sie noch so schlimm, schließt sie eine weitere, ebenso heimtückische nicht aus. Das am eigenen Leibe zu erfahren, blieb mir nicht erspart. Ich wurde erbarmungslos aus meinem Lebensrhythmus, zu dem ich mühevoll gefunden hatte, herausgerissen.

Ich bekam Atemschwierigkeiten – wie damals – und dachte zuerst, daß die MS wieder aufflackerte. Doch dann spürte ich einen Knoten im Hals, der sich beim Schlucken, von außen sichtbar, auf und ab bewegte und Tag für Tag größer wurde. Eine Punktion als Abschluß einer Kette von Untersuchungen ergab den Verdacht: *Schilddrüsenkrebs*. Unser Hausarzt sagte es mir ganz behutsam und betonte, daß erst eine Operation, die aber sofort durchgeführt werden müsse, ein endgültiges Ergebnis bringen könne.

Operation? Nun auch noch Krebs? Die furchtbare Ungewißheit quälte mich: War es noch früh genug, die Krankheit aufzuhalten? Meinem langjährigen Helfer und Berater, dem Neurologen Herrn Dr. Eberhard Hirschberg, verdanke ich in diesem Augenblick tiefster Niedergeschlagenheit durch seinen spontanen Einsatz, daß er mich an einen Schilddrüsen-Spezialisten vermittelte, der sofort bereit war, mich zu operieren.

Nach der Operation, bei der man den Knoten und die rechte Schilddrüse entfernt hatte, verspürte ich auf der Intensivstation, trotz der entsetzlich vielen Apparaturen, an die ich angeschlossen war, zunächst ein gewisses Gefühl der Erleichterung. Ich glaubte, es geschafft zu haben, denn die Ärzte bestärkten meinen Glauben an eine gutartige Geschwulst.

Drei Tage später sollte ich trotzdem wieder auf dem Operationstisch liegen. Durch das Ergebnis der eingeschickten Gewebeproben stand nun eindeutig fest: Schilddrüsencarcinom. Als der Stationsarzt am späten Nachmittag mir vorsichtig die Mitteilung machte, daß ich am folgenden Morgen noch einmal operiert werden müsse, war es mit meiner Fassung vorbei. Ich wollte schreien, doch ich brachte keinen Ton heraus. Ich zweifelte am Untersuchungsergebnis und wollte es nicht wahrhaben.

»Der Chefarzt möchte Ihnen noch alles erklären und wartet auf Sie; darf ich Sie hinbringen?« hörte ich neben mir, wie aus der Ferne, den Arzt fragen. Ich nickte.

Leider hatte sich die MS wieder bemerkbar gemacht, so daß ich im Rollstuhl zum Chefarzt gefahren werden mußte. Er teilte mir nun mit: »Die Geschwulst ist leider bösartig, wie die Untersuchung des Gewebes im Feinschnitt ergeben hat. Wir müssen nun auch den zweiten Teil der Schilddrüse einschließlich der Nebenschilddrüsen entfernen. Der Eingriff ist mit einem Risiko verbunden für die Stimmbänder, und die Gefahr einer Nachblutung ist auch nicht auszuschließen.« Er erklärte mir alles genau, auch wie man mir weiterhelfen könnte, wenn die Stimmbänder nicht zu retten wären. Und auf jeden Fall müsse ich anschließend auch noch mit Radium behandelt werden.

Das offene Gespräch flößte mir zunächst Vertrauen ein, ich hatte nun weniger Angst. Ich war mit allem einverstanden und unterschrieb die Einwilligung zum Eingriff, weil ich nach dem Gespräch einsah, daß es für mich die einzige Chance war, weiter leben zu können; und leben wollte ich. In meinem Zimmer kam mir meine Situation aber erst recht zum Bewußtsein. Ich war am liebsten allein, da konnte ich leise vor mich hinweinen.

Die Nachtschwester nahm mich zur Beruhigung in ihr Stationszimmer, versuchte, mich zu trösten, und erzählte mir von ihrer eigenen Unterleibs-Krebsoperation: »Ich bin erst 25 Jahre alt und hätte so gern Kinder gehabt! Ich muß schweren Herzens darauf verzichten, aber ich lebe und bin zufrieden.« Die Schwester gab mir durch ihre beruhigende Art und ihr Beispiel eine echte Lebenshilfe im richtigen Augenblick. Ich wollte nicht weniger tapfer sein! Sie riet mir, mit meinem Mann zu telefonieren und wählte auch gleich für mich. In diesem Moment war der Gedanke in mir: »Ja, er soll noch einmal meine Stimme hören.«

Als mein Mann sich meldete, nahm ich meine ganze Kraft zusammen und teilte ihm mit, was mir nun noch einmal bevorstand. Das erste große Schweigen und das schwere Atmen seinerseits waren furchtbar für mich. Doch er fing sich schnell und versuchte, mich zu beruhigen und zu trösten und versprach, morgen früh bei mir zu sein. – Die Nacht verbrachte ich im halbwachen Zustand. Mein ganzer Lebenswille bäumte sich vor der stundenlangen, komplizierten Operation noch einmal auf. *Ich wollte leben, leben um jeden Preis, bereit, alles zu ertragen, was auf mich zukommen sollte.*

Der Gedanke, daß man mir helfen wollte, war in dem Augenblick vor der zweiten Operation stärker als meine Angst. Die Stimme meines Mannes weckte mich aus der Narkose, als ich wieder auf der Intensivstation lag. Er nannte meinen Namen, ich konnte ein rauhes, leises »Ja« sagen. Ringsum atmeten alle erleichtert auf. Meine Stimme war also gerettet, die Operation insoweit gelungen!

Da man nicht alle Gewebereste hatte entfernen können, bedurfte es ein paar Wochen später nun noch einer stationären »Schluckbehandlung« mit radioaktivem Jod in der nuklearmedizinischen Abteilung des Klinikums Steglitz in Berlin. Meine Beweglichkeit hatte sich glücklicherweise wieder so stabilisiert, daß ich nur noch einen Stock als Gehhilfe brauchte. Es war erstaunlich, ich wußte wirklich nicht, woher die Kraft kam. Gab es da noch eine andere Quelle?

Nach einer 24stündigen anstrengenden Vorbereitung betrat ich mit gemischten Gefühlen und etwas schwankend einen besonders abgeschirmten, sehr sterilen Raum. Um den Behälter mit dem radioaktiven »Jod 131« stand, zum Schutz vor radioaktiver Strahlung, eine Bleikabine.

Angetan mit einer schweren Bleischürze und Kunststoffhandschuhen, mußte ich mit Hilfe eines Strohhalmes, ohne Atem zu holen, das »Unheimliche« schlucken. Es sah wie harmloses klares Wasser aus, es roch nach nichts, und es schmeckte nach nichts, und doch war mir, als schluckte ich eine Bombe, und ich spürte schon bald die enorme Wirkung. Denn bombardiert und lahmgelegt wurden nicht nur die restlichen Zellen des Schilddrüsen-Gewebes, sondern für die nächste Zeit auch meine Magenschleimhaut und die Geruchs- und Geschmacksnerven. Nichts konnte ich riechen, und alles schmeckte gleich, nämlich nach nichts. Das muß man selbst erlebt haben. Vorstellen kann man es sich wohl nicht.

Weil mein Körper nun für Menschen meiner näheren Umgebung schädliche radioaktive Strahlen abgab, deren Halbwertzeit über acht Tage betrug (d. h. nach über acht Tagen halbierte sich die Strahlenintensität), mußte ich für ein paar Wochen völlig isoliert in einem Raum mit nur kleinen Oberlichtfenstern, umgeben von verkleideten Bleiwänden, zubringen. Es war unheimlich und beinahe schlimmer als alle Ängste vor der Operation. Ich war einem Übermaß von Zeit und bedrückender Stille ausgeliefert. Und doch konnte ich anfangs überhaupt keine Ruhe finden.

Einerseits machten Schmerzen mir zu schaffen, und andererseits war die Einsamkeit unerträglich, ich hatte große Sehnsucht, unter Menschen zu sein; nach Geborgenheit, nach der Natur, nach Wind, Regen und Sonne und besonders nach meiner Familie – nach meinem Mann und meiner Tochter, mit denen ich nur telefonieren konnte. Das Telefon war meine einzige Verbindung zur Außenwelt.

Nichts ist dem Menschen wohl unerträglicher, als völlig isoliert zu sein, ohne lebendigen Kontakt, ohne Beschäftigung, ohne Leidenschaften, ohne Zerstreuungen, ohne Freiheit. Ich fühlte darin meine Nichtigkeit, meine Ohnmacht und eine quälende Leere. Unversehens stiegen aus dem Grund meiner Seele Schwermut und Verzweiflung auf. Aber ich konnte nicht einmal weinen. Denn durch den zunehmend anschwellenden Hals bekam ich kaum Luft; das verursachte panikartige Angst. Lindernde Medikamente lehnte ich ab wegen der eventuellen Wirkungsminderung des Radiums und um dann nicht noch eine Etage tiefer, zur letzten Station, der Radiumbestrahlung zu müssen.

Ich wollte durchhalten! Als endlich der Höhepunkt überschritten war und mein Wille wieder wirksam wurde, kämpfte ich gegen die Einsamkeitsgefühle und die innere Unruhe, indem ich mich, so gut es ging, beschäftigte. Ich malte zuerst hastig, dann aber hingebungsvoll mit meinen Aquarellfarben Blumenbilder. In meiner Phantasie stellte ich mir vor, wie sie auf einer Wiese dufteten. Beim Malen wurde ich nach und nach innerlich ruhiger und versuchte, über mich und mein Leben nachzudenken, mit anderen Werten neu zu ordnen, dem grauen Dasein einen Sinn abzugewinnen.

Eine tiefe Dankbarkeit erfüllte mich auf einmal, die dann eine innere Wandlung und Ruhe mit sich brachte. Ich lernte wieder manches, was ich in der letzten Zeit nicht vermocht hatte. Das Unabänderliche hinnehmen, neue Dankbarkeit, Stille und neue Fähigkeit, mit Gott zu reden. Alles, was kleinlich und nichtig war, ist in diesen einsamen Augenblicken von mir gefallen. Diese Neubestimmung war von bereichernder Wirkung, und diese Erfahrung ist unschätzbar.

Mußte ich erst solches Leid und solche Schmerzen ertragen, um den Weg nach innen zu finden? War es der Sinn des Leidens, und war das »Neuwerden« vielleicht Gnade? – In diesen Stunden habe ich viel erfahren und mir vorgenommen, nur noch bewußt zu leben und jede Stunde dankbar auszunutzen, die mir bleiben würde. Denn es gibt kein Leben, das im Gestern oder Morgen existiert. *Wahrhaftig leben wir nur heute. Wenn wir dies nicht begreifen, verlieren wir die kostbaren und unwiederbringlichen Augenblicke der Gegenwart.*

Zweifellos gehöre ich trotz allem wohl zu denen, die ein bißchen Glück haben. Ich durfte hoffen, weiter zu leben.

Ich weiß, daß auch meine Familie in dieser Zeit sehr gelitten hat, weil sie die volle Situation besser erfassen konnte als ich selbst. Auch für sie hatte sich der Alltag verändert. Eine neue Vertrauensbasis und ein neues Gefühl der Zusammengehörigkeit war entstanden. Aus allem Schlimmen kommt also auch etwas Gutes. Mein Mann – so sagte er mir später – hat durch meine Erkrankungen wertvolle Erfahrungen für sich sammeln können und ist durch sie persönlich gereift. »Im Leiden und Mitleiden liegt eine gewaltige, verwandelnde Kraft.» (Martin Luther King) Das Leiden prägt und formt uns, es geschieht etwas mit uns, ob wir es wollen oder nicht.

Ich habe diese harte Zeit des »Ausgestoßenseins« nur überstanden, weil ich zu mir selbst finden konnte und weil ich von allen, in meinem Leben liebgewordenen Menschen angerufen wurde, die mir Mut machten und aufrichtigen Trost gaben. Eine Freundin schickte mir damals diese Verse von Theodor Fontane:

Trost

Tröste dich, die Stunden eilen,
und was all dich drücken mag,
auch das Schlimmste kann nicht weilen
und es kommt ein anderer Tag.

In dem ew'gen Kommen, Schwinden
wie der Schmerz liegt auch das Glück,
und auch heit're Bilder finden
ihren Weg zu dir zurück.

Harre, hoffe! Nicht vergebens
zählest du der Stunden Schlag:
Wechsel ist das Los des Lebens,
und es kommt ein anderer Tag.

An dem ersehnten »anderen Tag« ergab das Abschlußszintigramm, daß nun keine Schilddrüsen-Gewebszellen mehr vorhanden waren. Der Geigerzähler tickte zwar nach meiner Entlassung noch hörbar, aber für die Menschen meiner Umgebung war die Strahlung nicht mehr gefährlich.

Da niemand ohne Schilddrüsenhormon leben kann, mußte ich von nun an täglich eine Stunde vor dem Frühstück das Hormonpräparat Thyroxin in Tablettenform einnehmen. Eine dauernde Abhängigkeit war von diesem Tag an damit entstanden.

Nun galt es, sich mit der Krankheit Multiple Sklerose auseinanderzusetzen und wieder ein erreichbares Maß der Beweglichkeit zu finden. Obwohl mir noch Narbenschmerzen und Schluckbeschwerden zu schaffen machten, nahm ich schon bald meine krankengymnastische Behandlung wieder auf.

An den seidenen Faden konnte nun wieder ein festeres Fadennetz geknüpft werden.

Neue Quellen der Hoffnung

Unsere Tochter war inzwischen eine junge Frau von 19 Jahren. Sie begleitete mich gelegentlich zu meinen therapeutischen Behandlungen. Bei unseren Gesprächen während der Fahrt dorthin gestand ich ihr einmal, daß ich Schuldgefühle habe, weil sie von klein auf schon Leid mit ansehen und erleben mußte.

Ihre Reaktion werde ich nie vergessen! Sie sagte: »Ich wünschte sehr, daß du nicht so krank wärest. Als Kind ist mir gar nicht so sehr bewußt gewesen, daß du so eine schlimme Krankheit hast; höchstens wenn über längere Zeit unsere Oma da war und wir dich im Krankenhaus besuchten. Sicher hat es manchmal Auseinandersetzungen gegeben, weil ich nicht gleich zu meinen Freundinnen gehen konnte oder einfach keine Lust hatte, im Haushalt zu helfen. Aber das sehe ich jetzt ganz anders! Ich bin durch dein Kranksein schon sehr früh ein selbständiger, entscheidungsfähiger Mensch geworden, weil ich vieles selbst machen mußte. So habe ich auch erfahren, was Verantwortung bedeutet und als Kind schon gelernt, auf andere Rücksicht zu nehmen. Das sind alles Dinge, die sich für meine Entwicklung und mein Leben positiv ausgewirkt haben.«

Sie tat alles, was mir nutzen und helfen konnte, und sie stand »ihren Mann«, auch wenn ich wieder von ihr fort mußte. Und so standen wir wieder einmal vor einem Abschied, aber diesmal zu einem erfreulichen und angenehmen Ziel, nämlich in den Schwarzwald. Im August 1978 war es soweit, daß ich zum Auftanken neuer Lebenskräfte und einer weiteren, schonenden MS-Behandlung wieder nach Bad Wildbad fuhr.

Am Flughafen wurde ich wieder von meiner nun schon bekannten, netten Taxifahrerin erwartet. Und nach einer guten Stunde Fahrt erreichten wir das Enztal im hellen Sonnenschein. Irgendwie war der Schwarzwald diesmal noch viel schöner als in den Vorjahren. Hohe Tannen und prächtige Laubbäume, blühende Hänge und Wiesen umgaben die Klinik am Sommerberg. Und von weit unten war das muntere Plätschern der durch den Kurpark fließenden Enz zu hören.

Ich empfand beim Blick hinab von der Klinikterrasse in das liebliche Tal ein überstarkes Glücksgefühl. Groß stand das Leben vor mir, wie ein neues wunderbares Geschenk. Wie neu geboren kam ich mir vor. Mit größter Aufmerksamkeit betrachtete ich alles um mich her, als sähe ich zum ersten Male die Natur mit ihrer unendlichen Farbenpracht. Schön war die Welt. Eigenartig und geheimnisvoll.

Die Natur ist unser großes Vorbild, von ihr können wir lernen. Die Pflanzen waren zuerst da, sagt uns die Bibel. Ohne Pflanzen gäbe es keine Tiere und keine Menschen. Nur die Pflanzen können von Licht, Luft und den Nährstoffen in der Erde leben. Diese wunderbare Fähigkeit der Pflanzen: Erde, Luft und Licht in Leben und lebensspendende Nahrung zu verwandeln, ist aber nicht das einzig Faszinierende. Beinahe noch mehr beeindruckt mich die Gelassenheit und Zähigkeit ihres Wachsens und Lebens. *Je mehr wir die Natur in uns hineinlassen, um so mehr werden wir selbst ein Teil der uns umgebenden Schöpfung. Das gilt für Kranke und Gesunde gleichermaßen. Ich wünsche uns allen die Gelassenheit, aber auch die Zähigkeit der Pflanzen.* An einem der lauen Sommerabende saß ich auf der »Philosophenbank«, meinem Lieblingsplatz unter einer Eiche, als ein welkendes Blatt mir direkt in den Schoß taumelte. Beim Betrachten des absterbenden Blattes, das nur einen Sommer lang seine wichtige Aufgabe in dieser Welt erfüllen konnte, dachte ich dankbar an mein eigenes Schicksal.

Dieser Aufenthalt im Schwarzwald war wie eine Wende in meinem Leben. Die Begegnungen mit Menschen und nur Dinge des Herzens, Dinge, die man weder mit Gewicht noch Geldwert messen kann, waren mir wichtig.

Ich erlebte diese Zeit intensiver als je zuvor.

Das Kapitel Krebs war allerdings noch längst nicht abgeschlossen. Ich mußte mit der Belastung leben, daß Jahr für Jahr bei regelmäßigen Kontrolluntersuchungen, bei denen ich wieder in entsprechenden Dosierungen das meinen Körper so sehr belastende Jod-Radium 131 schlucken mußte, Metastasen in anderen Organen durch die Ganzkörperszintigramme entdeckt werden könnten. Meistens gelang es mir, meine Angst zu verdrängen. Zugleich verschlechterte sich dabei immer wieder mein Gesamtzustand. Ich mußte jedes Mal ganz von vorn anfangen, und es dauerte Wochen und Monate, bis ich nach und nach alle Körperfunktionen zurückerobert hatte.

Durch meinen starken Lebenswillen und die jährliche Intensivbehandlung in der Wildbad-Klinik habe ich es, Gott sei Dank, immer wieder geschafft, auf die Beine zu kommen.

Solange ich atme, hoffe ich. Je mehr Gott uns zusetzt, desto mehr wachsen unsere Kräfte, und nach jedem Kampf sind sie stärker als vorher.

Mein heutiger Alltag

Unter Ausschluß der mehr vom Krebs bestimmten Phase durchlebe ich heute ein für das Krankheitsbild der Multiplen Sklerose typisches unvorhersehbares Auf und Ab, mit gottlob erträglichen Beeinträchtigungen. Zwar muß ich immer noch in unbestimmten Zeitabständen Verschlechterungen oder Schübe – meist nach Infektionen bzw. Fieber – hinnehmen, aber sie sind nicht mehr so aggressiv. Vielleicht deshalb, weil meine natürlichen Abwehrmechanismen durch die vollkommen gewandelte, bewußt ausgeglichene Lebensweise nun besser mobilisiert und gestärkt sind? Denn auch die Remissionszeiten (das zeitweilige Nachlassen der Krankheit) verlängern sich erfreulicherweise immer mehr.

Meine Erfahrungen und die therapeutischen Behandlungen – besonders Krankengymnastik, Hippotherapie und Yoga – sowie ein ständiges gewisses Arbeiten an mir selbst, ein in sich Hineinhorchen und Ausprobieren und nicht zuletzt die vielen Eigenaktivitäten, auch zum Wohle der anderen MS-Kranken, waren von ausschlaggebender und richtungsweisender Bedeutung für mein alltägliches Leben heute, das geprägt ist vom Willen zum Durchhalten und zur Führung eines dem normalen Alltag möglichst angeglichenen Lebens. Das klingt hier natürlich einfacher und selbstverständlicher, als es oft ist. Es gibt auch bei mir immer wieder Stunden, Tage, in denen Ratlosigkeit, Unzufriedenheit und Ängste aufsteigen wollen. Sich in einem seelischen und körperlichen Gleichgewicht zu halten, erfordert Kraft und eine stetige Selbstdisziplin. Immer wieder neue Kraft bedingt die Aktivierung aller in einem Menschen schlummernden Kräfte und einen angemessenen Ablauf der Tage, Wochen und Monate eines ganzen langen Jahres.

Die Krankheit kann im Grunde nicht geheilt werden, aber es geht mir heute wesentlich besser, weil ich gelernt habe, die

Krankheitssymptome einzuordnen und mit den Folgen besser umzugehen. So bin ich zu der wichtigen Erkenntnis gekommen: *Ich muß mein Leben an guten wie auch an schlechten Tagen wagen und mir herausnehmen zu leben.* Denn selbst leben macht glücklicher – als nur gelebt zu werden. Durch positive Gedanken und Entscheidungen, durch eigenes Handeln und ein möglichst ausbalanciertes Gemüt können die eigenen Lebenssituationen besser beeinflußt werden.

Selbst Verantwortung tragen macht unabhängig, und selbst denken macht gescheit. Sicher, selbst leben ist schwieriger, als dem Leben auszuweichen, aber es macht uns dafür auch reicher. Selbst leben heißt: verzichten können und den gestellten Aufgaben nicht aus dem Wege gehen; nicht weglaufen vor Schwierigkeiten; sich Begegnungen und Veränderungen nicht verschließen; Trauer, Schmerz, Wut, Enttäuschung und Einsamkeit genauso intensiv durchleben und aushalten wie die hellen Seiten des Lebens.

Selber leben heißt aber auch: sich nicht ganz verplanen, sich von den Pflichten des Alltags nicht erdrücken lassen; alte und neue Träume haben; die Sehnsucht nach mehr und die Hoffnung auf Veränderung – so oder so – und Erneuerung bewahren. Wohl dem, der diese Chance ergreifen kann und sich nicht wieder als funktionierendes Rädchen vereinnahmen läßt.

Die höchste Form der Hoffnung ist überwundene Verzweiflung.

So erfahren wir in schwerer Krankheit ein Stück Aufgeben und Loslassen und ein anderes Stück Wiedergewinnen und ein Dankgefühl von ganz eigener Qualität. Den alten Weg aufgeben und einen neuen Weg einschlagen gleicht ganz dem Gefühl, neu geboren zu sein.

In der Krankheit begegnen wir dem Tod und dem Leben gleichzeitig. Wer begreift, daß der Strom des Lebens uns in jedem Augenblick dem Tode näher führt, der kann den gegenwärtigen Augenblick in seiner wahren Dimension aufnehmen und fängt im eigentlichen Sinne erst jetzt an zu leben. So gesehen, gehört die Krankheit zum Menschen und bleibt für ihn die große Chance, durch die Wand hindurch zu sehen, die Wand, die es unmöglich macht, den Sinn des Lebens zu erkennen. Ich meine, das Recht auf ein einzigartiges Leben sollten wir uns eigentlich nie und von niemandem streitig machen lassen, auch nicht, wenn die Diagnose Multiple Sklerose heißt. Ich glaube an die Kraft in uns, die uns leben läßt und immer wieder neu Leben schafft. Sie enthält ungeahnte Möglichkeiten.

Lernen und Wahrnehmen

Zu einer dieser Möglichkeiten gehört u. a. das Lernen in weitestem Sinne und das Wahrnehmen. Was der Mensch lernt und wahrnimmt, schlägt sich in seinem Erleben und Verhalten nieder. Auch die Krankheit Multiple Sklerose läßt sich in bestimmter Weise lernend bewältigen. Lernen heißt u. a. hier:

Kenntnisse erwerben, über die Nachforschung in der eigenen Biographie und dem, was möglicherweise hinter der Krankheit steckt; über das Wesen der Krankheit und deren Auswirkungen.

Annehmen, nämlich sich selbst; die Hilfsbereitschaft der anderen und der nötigen Hilfsmittel.

Üben, damit die Muskelfunktionsfähigkeit erhalten und ausgefallene Körperfunktionen, mit therapeutischer Hilfe wie etwa Krankengymnastik, Hippotherapie, Yoga u. a. wieder hergestellt bzw. annähernd zurückerobert werden können.

Erziehen, d. h. Gewohnheiten ändern; selbstverursachte Fehler einordnen; sich und andere MS-Kranke motivieren.

Voraussetzung für diese freilich nicht immer beglückenden Lektionen ist die Bereitschaft, lernen zu wollen. Das Verwirklichen und Vollbringen kommt denen zu, die entschlossen handeln und in ihrem Vorsatz und Tun durchhalten.

Allzuoft verändert und verengt sich bei kranken Menschen in langen Krankheitsjahren durch die Umstände der geistige Horizont und damit die Vielfältigkeit ihres Lebens. Sie haben sich in erstarrte Verhaltensmuster und Meinungen festgefahren, die keinen Fortschritt zulassen. Nichts macht sie neugierig, nichts überrascht sie mehr. Sie haben den Sinn für ihr Leben, die Vielfältigkeit und das Wunderbare daran verloren. Sie bauen sich damit selbst ein Gefängnis und amtieren als ihr eigener Wärter. Wer sich dieser Gefahren bewußt wird, kann einiges dagegen tun. Wenn wir selbst die Gefängnisse errichten, können wir sie auch wieder einreißen. Wehren wir uns gegen jeden Stillstand! Bringen wir Interesse auf für etwas, worüber wir schon immer Näheres erfahren wollten! Es gibt für jeden diverse Lernmöglichkeiten: zum Beispiel in den Volkshochschulen mit ihren vielfältigen Kursangeboten oder – je nach Wohnort – auch in Universitäten. Die Hörsäle etwa in Berlin, in denen man als »Gasthörer« an Vorlesungen in den verschiedensten Fächern teilnehmen kann, sind meist behindertengerecht zugänglich.

Als »ältere Lernende« bekam ich über die »Akademie für weiterbildende Studien« und die »Seniorenuniversität« den Mut, zu solchen Lernstätten zu gehen. Diese Möglichkeit gibt es erfreulicherweise nun schon in vielen deutschen Universitätsstädten. Es gibt aber auch den Fernunterricht im Medienverband wie Telekolleg oder Funkkolleg. Niemand sollte glauben, Lernen sei nur etwas für körperlich gesunde Menschen; im Gegenteil: gerade wenn eine körperliche Behinderung die Lebensweise aufzwingt, dann sind geistige Regsamkeit und Kreativität besonders nötig, nützlich und förderlich. Sobald wir fähig sind zu handeln, lösen wir unweigerlich gewisse innere Kräfte aus, die ihrerseits wieder bestimmte Folgen nach sich ziehen. Lernen ist also auch eine gewisse »Hilfe zur Selbsthilfe«.

Was man in langen Krankheitsjahren jedoch an erster Stelle lernt, betrifft weniger ein spezielles Wissen oder bestimmte Fertigkeiten, sondern die Fähigkeit, mit den Gegebenheiten zu leben, die nicht zu ändern sind. Es gilt, Selbstmitleid zu bezwingen und die eigene Energie nicht in Ängste zu vergeuden. Die Lernfähigkeit ist eine Angelegenheit der geistigen Haltung und nicht von körperlichen Behinderungen abhängig. Wenn wir fähig sind, unsere körperliche Schwäche und uns selbst anzunehmen, dann sind wir auch fähig, wieder Dinge zu tun, die schon als »unmöglich« abgeschrieben waren. Jeder Tag kann ein neuer Anfang sein!

In einem seiner Essays schrieb der amerikanische Dichterphilosoph Ralph Waldo Emerson: »Schlechte Zeiten sind außerordentlich wertvoll. Es sind Gelegenheiten, die kein Lernwilliger missen möchte.« – Wer trotz Krankheit innerlich lebendig bleibt, wird nicht zum Gefangenen von Gewohnheiten, Verhaltensmustern und Routine.

Wir lernen, indem wir die Verpflichtung des Lebens auf uns nehmen, und können beachtlich viel verändern und erreichen, wenn wir uns nicht selbst belügen. Aus den vielen, bereits genannten Erfahrungen resultiert die Erkenntnis, daß letztlich jeder selbst für sich verantwortlich ist. Nicht die anderen sind schuld und nicht die Umstände. Wir stehen für uns selbst ein in allen Lebenslagen. Wer weiterlernt, hat verläßliche Verbündete: eine unverkennbare Begeisterungsfähigkeit, geistige Anregung und realisierbare Ziele.

Wer sich nicht eines Tages den Vorwurf machen will, nicht alles unternommen zu haben, um die kurze Lebensspanne, die uns – gesund oder krank – zur Verfügung steht, mit möglichst viel Freude, Erfüllung, Liebe, Glück und Begegnungen für sich, zur Stillung seiner innersten Sehnsüchte ausgekostet und genutzt zu haben, der sollte seine Tage bewußt erleben, sollte jede noch so kleine Freude des Alltags sehen und dankbar annehmen und so sein Leben bereichern, um in schweren Tagen davon zehren zu können. Wer weniger lamentiert und nicht nur auf die Hilfe anderer wartet, wer nicht passiv bleiben will, der sollte einen Anfang setzen, um die Stunden und Tage schätzen zu lernen, die ihm die Realität gibt. Das heißt: schon beim Aufwachen sich zu besinnen und mit innerer Ruhe bewußt über sich und jeden beginnenden Tag zu reflektieren: »Ich nehme ihn als ein Stück meines Lebens an, mit allem, was er bringt. Ich bleibe bei meinen Vorsätzen, auch wenn meine Geduld immer wieder auf eine noch so harte Probe gestellt wird.«

Atmen

Wegen des skandierenden Sprechens und nach der Krebsoperation war meine Atmung sehr verkrampft und daher kurz, flach und hastig – wie bei sehr vielen MS-Kranken. Sie bedurfte der Verbesserung, und darum mußte ich »richtiges Atmen« bei einer Logopädin erst wieder lernen.

Seitdem beginnt der Tag für mich, in Einbeziehung leichter Yogaübungen, mit zehn bis fünfzehn ruhigen, gelassenen Atemzügen, auf die ich für diesen Augenblick kontrollierend meine Aufmerksamkeit richte, um sie dann wieder in das unbewußte natürliche Atmen übergehen zu lassen. Atmen ist nämlich nichts Nebensächliches, weil es einfach geschieht, sondern eine durch nichts anderes zu ersetzende Grundfunktion des Lebens, die den ganzen Körper einbezieht. »Atmen* heißt: sich weiten – sich dehnen – sich bewegen lassen. Dann strömt der Atem spielerisch in uns ein und bewirkt in uns alle Kräfte, die in ihm ruhen. Atmen heißt also, alle Hindernisse, alle Hemmnisse, alle Eigentätigkeit beseitigen und sich dem Geschehen des einströmenden Hauches hingeben und überlassen.«

Die natürliche Atmung schafft eine innere Lockerung und einen Gleichklang von Körper und Seele. Darum ist Atem sehr wichtig für das gesamte Befinden. Dabei spielen auch unsere Gedanken und Stimmungen eine wesentliche Rolle. Sie sind heilende wie zerstörende Kräfte, die positiv oder negativ auf die Qualität des Atems und des ganzen Körpers

* so Frida Pfister, Spezialistin für Atem- und Stimmbildung, in ihrem Buch »So sollt ihr atmen!«

wirken. Man sagt nicht umsonst: ein *Hauch* von Sympathie oder Antipathie schlägt einem entgegen. Bei sympathischen Menschen kommt unsere Seele in Schwingung, wir sind entspannt, und in unserem Atem sind wir dadurch frei und leichter. Der Brustkorb dehnt sich, es kommt zu einer Befreiung auch des Atems, und der steht im Mittelpunkt allen körperlichen Geschehens. Er kommt in die Mitte, im wahrsten Sinne des Wortes, und wir sagen: ah – war das schön! Dies führt zu einem Entlastungsseufzer, den wir viel öfter im täglichen Leben kommen lassen sollten. Den kann man nicht üben; wir müssen ihn anlocken und kommen lassen.

Es gibt aber auch das Negative, das ist das Anti-, das Nichtsympathisch-Sein, die Antipathie gegenüber einem Menschen. Die Reaktionen: man hält den Atem an, der Atem stockt, man zieht sich zurück. Der Mensch wird sich in einem solchen Kreis nie lösen können, er wird sich immer mehr einengen, sich zusammenziehen, ängstlich verhalten, und er wird nie frei in seinem Atmen sein. So können sich zwangsläufig Verkrampfungen entwickeln, und sie wirken auf alle Organe und deren Funktionen.

Wenn wir das im Ganzen betrachten, ist der Atem in seiner vielseitigen Bedeutsamkeit nun noch wichtiger geworden. Es ist eben nicht nur das Ein- und Ausatmen, es ist die Gelöstheit im Gegensatz zur Verspanntheit. Man sagt auch: Die Qualität der Atmung ist der Spiegel der Seele. Wenn jemand Kummer und Sorgen hat, wenn er mit den Problemen nicht fertig wird, dann spiegelt sich das in seinem Äußeren und in der Atmung wider. Wenn wir Angst haben und verkrampft sind, kann das Blut, als Sauerstoffträger und Verteiler, nicht fließen, der Stoffwechsel wird beeinträchtigt; überhaupt alles, das Drüsensystem, das Organsystem, alles wird blockiert. Wenn jemand in der »Verengung« lebt, hat er einen ganz kurzen, oberflächlichen Atem. Die Atmung ist so etwas wie der Seismograph der Seele! Normalerweise sollte der erwachsene Mensch eine Frequenz von 16 bis 20 Atemzügen in der Minute haben. Wenn er aber unter einem starken psychischen Druck einer inneren Belastung steht, verändert sich seine Frequenz. Dies haben alle schon einmal bei Angst oder Aufregung erlebt: wir fangen an, schneller zu atmen, und sind am ganzen Körper verspannt. Immer wieder erinnere ich mich an die Lehre und eingehenden Worte meiner Atem- und Yogalehrerin; bei einem einfachen Übungsbeispiel, das uns über das ruhige, gelassene und richtige Atmen belehrte, sagte sie: »Stellen Sie sich vor, Sie liegen bei herrlichem Sonnenschein allein am Meeresstrand im angenehm warmen, weichen Sand, und weil die Welt so hell ist, schließen Sie die Augen, und Sie fühlen sich richtig behaglich und ruhig; dann hören Sie, wie die rauschenden Wellen anbranden und sich wieder zurückziehen, wie sie dabei immer leiser werden, und die Wogen plötzlich ganz verebben und schließlich verschwinden, bis die Welle von einer neuen Welle abgelöst wird, die mit Kraft ankommt. – Die Wellen des Meeres, die Brandung, unterliegen den kosmischen Gesetzen wie Ebbe und Flut, genau wie der Atem, und wir sagen sehr berechtigt, Atem fließt wie Wellen des Meeres, der Atem kommt, und der Atem geht. Dann kommt die natürliche Pause und Ruhe, bis die neue Atemwelle wieder einsetzt, sich wieder anhebt zu einer starken Dynamik, einem Rauschen und wieder abklingt.«

Die täglichen Atemübungen und diese oder ähnliche sinnbildliche Vorstellungen haben mir geholfen, und sie haben dazu beigetragen, daß ich wieder gut genug und richtig atmen kann. Und so sind die Kraft und das gesundheitliche Befinden des einzelnen, die auch von der Kraft und der Güte seiner Atmung abhängen, zugesichert, denn der Körper registriert immer sehr schnell jede Hilfe für seine Funktionen und beweist dies durch ein »Aufleben« und ein »Sich-besser-Fühlen«.

Es lohnt sich für jeden, danach zu streben, richtig zu atmen.

Autogenes Training: Als eine erlernbare, weitere gute Übung ist das Autogene Training anzusehen, das in der Übung passiver, rhythmischer Atmung einen großen Einfluß auf die Psyche des Menschen hat. Das Autogene Training ist eine Selbstsuggestion, die der körperlichen und seelischen Entspannung dient und im Liegen wie im Sitzen, im Krankenbett, im Rollstuhl oder auch in einer kleinen Pause am Arbeitsplatz ausgeübt werden kann.
Moshe Feldenkrais: Mehrere aus meinem Bekanntenkreis nutzen dieses Angebot des DMSG-Landesverbandes Berlin. Sie haben die für MS-Kranke besonders gut geeigneten, leichten Bewegungsübungen der »Moshe-Feldenkrais«-Methode entdeckt. Diese Übungen helfen u. a. die Koordination zu verbessern und steigern über die körperliche Bewegungsfähigkeit hinaus auch die geistige Flexibilität.
Yoga: Hier bietet sich ebenso die Grundstufe des Yogas an, das sogenannte Hatha Yoga, das für mich, neben den schon erwähnten Therapien, eine der wichtigsten Hilfen auf meinem Weg mit der Krankheit war. Das Übungsprogramm wird stets ruhig, ohne Hast ausgeübt und umfaßt den ganzen Körper. Hauptbestandteile der Übungen sind u. a. die körperliche und geistige An- und Entspannung, das Atmen und In-sich-Hineinhören und Einfühlen – die Meditation. Durch muskel- und nervenbeherrschende Körperhaltungen (jedoch keine Verrenkungen, wie von indischen Yogis vorgeführt!) werden ungeahnte Energien frei, die bei regelmäßiger Ausübung eine Steigerung der Muskelkräfte – besonders wichtig für MS-Kranke! – und eine positive, nachhaltige Beeinflussung der Sinne und des Wohlbefindens hervorrufen. Wer Yoga ausübt, betreibt zugleich eine nützliche »Seelenmassage«.

Alle diese Übungen zielen auf Gelassenheit, eine Lebenskunst, die uns heutigen, von der Hektik getriebenen Menschen allzuoft fehlt. Sie zu erlernen, lohnt sich für Gesunde und Kranke. Kurse werden heute überall angeboten, zum

Beispiel in Volkshochschulen, von Logopäden, Psychotherapeuten und von Ärzten.

Ob nun Krankengymnastik, Hippotherapie, die Feldenkrais-Methode oder das Hatha Yoga – diese Bewegungstherapien halte ich für jeden MS-Kranken für außerordentlich wichtig, ja lebenserhaltend, weil die Bewegungsübungen zur Wiederherstellung und Verbesserung der Körperbeherrschung ein wichtiger Bestandteil der MS-Behandlungsmöglichkeiten überhaupt sind und damit erste, entscheidende Schritte auf dem Wege zu einer Rehabilitation und Lebensqualitätsverbesserung. Bei allen therapeutischen Bewegungsübungen und Aktivitäten bekommt der MS-Kranke das gute Gefühl, mit Erfolg wirklich etwas für sich selbst getan zu haben. Natürlich müssen diese gymnastischen Übungen dem jeweiligen Zustand maßvoll angepaßt und aufbauend geplant sein, um zu Erfolgen führen zu können. »Der Patient sollte lernen, ein Gefühl dafür zu bekommen, wieviel Belastung er verkraften kann... häufige kürzere Übungsbehandlungen ohne Überanstrengung sind wirkungsvoller als... ein ausgedehntes Übungsprogramm.« (Helmut J. Bauer, »MS-Ratgeber«, Stuttgart 1989)

Beschäftigungs- oder Ergotherapie

Eine heute schon erfreulich mehr beachtete Behandlung in Kur- und Krankenhäusern ist die Beschäftigungs- oder Ergotherapie. Sie fördert durch Kreativität die Besserung oder sogar die Wiederherstellung gestörter körperlicher Funktionen und läßt den Patienten im Alltag wieder selbständiger werden. Mit ihr entfaltet sich auch das Schöpferische im Menschen, setzt Ideen in sichtbare Werke um und vermittelt dem Kranken Erfolgserlebnisse, die ihm sonst vielfach versagt bleiben. Das »sich-Beschäftigen« ist zuweilen für das seelische Wohlbefinden wichtiger als alle Medizin.

Wenn auch durch die eingeschränkte Beweglichkeit der Hände nicht alles gelingen kann, trägt diese Therapie dazu bei, das Selbstwertgefühl wiederzufinden und zu dem Bewußtsein zu gelangen, nicht überflüssig zu sein. – Die Beschäftigungstherapie bereitete mir bei Krankenhausaufenthalten immer einen Hauch von innerer Freude. Seither gehe ich auch zu Hause kunstgewerblichen Arbeiten nach, bastle für Angehörige, Freunde und Bekannte gern kleine Geschenke aus den verschiedensten Materialien. Doch meine liebste Beschäftigung wurde immer mehr die Porzellan-Malerei. Schon der Duft der Öle und der Anblick der Farben faszinierten mich, weckten in mir kreative Ideen und ließen mich – in eine andere Welt entrückt – oft meine Probleme vergessen.

So hat wohl alles seinen Sinn, denn erst durch das Kranksein wurde die in mir schlummernde »künstlerische Ader« erkennbar; seitdem habe ich auch mehr Zeit für Dinge, die mir Spaß und Freude machen. Diese Hoffnung, doch noch etwas Sinnvolles tun zu können, half mir, die Krankheit und das Leben wieder zu akzeptieren.

Ich vertiefte mein Malstudium immer weiter, anfangs in der Volkshochschule und später dann intensiv in der Berliner Hochschule der Künste. Meine Malerei wurde nun mehr als nur ein Hobby. Im Herbst 1981, bei einer zufälligen Begegnung im Kloster Ettal, sagte ich zu der ehemaligen Schirmherrin der Deutschen Multiplen Sklerose Gesellschaft, Frau Dr. Veronica Carstens: »Durch die Malerei habe ich die Angst vor der Krankheit überwunden, nun würde ich gern meine Fähigkeiten in den Dienst der Hilfe für Leidensgefährten stellen, ihnen Mut machen und die Aufgaben der DMSG unterstützen helfen.«

Mein spontanes Angebot löste etwas aus, dessen Ausmaß ich auch nicht annähernd erahnen konnte. Schon bald machte ich mich an die Arbeit, und so entstanden in meinem kleinen Hobby-Studio drei Motive: Feldblumensträuße mit dem jeweiligen Titel: »Kornblume«, »Mohn« und »Kornrade«, die ich auf Porzellanteller der Porzellanmanufaktur »Königl. priv. Tettau« malte, in »...naturalistisch, fast naivem Stil, der zu Herzen geht und die Sehnsucht nach einer ›heilen Natur‹ verkörpert«, wie es in einer Pressenotiz hieß.

Natürlich war es nicht einfach, und eine Menge Kleinarbeit war nötig, die Idee in die Tat umzusetzen. Wir hatten jedoch großes Glück, als im Juli 1982 der Seniorchef der weltbekannten lithographischen Kunstanstalt in Zirndorf sich engagiert meiner Idee annahm. Weil alle Initiatoren dankenswerterweise auf ihren Gewinn zugunsten der »guten Sache« verzichteten, konnte damit der Reinerlös ausschließlich der DMSG zufließen.

Um den Absatz zu fördern, knüpften wir viele Kontakte. Beispielsweise zu Fachgeschäften, zu den DMSG-Landesverbänden, zu Gruppen und auch zu Firmen und öffentlichen Einrichtungen. Gleichzeitig organisierten wir unter dem Funkturm in Berlin die erste Verkaufsausstellung in der Messe »allerhand«. Gruppenmitglieder der DMSG-Selbsthilfegruppen, Bekannte und Freunde halfen uns dabei mit sichtbarer Begeisterung. Anfangs war es jedoch nicht leicht, keiner traute sich so recht, die Besucher anzusprechen. Wir waren nur Laien auf dem Gebiet und mußten uns mit viel Mut in das Messe- und Verkaufsmilieu erst hineinfinden. Doch »selbst eine schwere Tür hat nur einen kleinen Schlüssel nötig« (Charles Dickens). Am zweiten Tag nahm ich einfach meine Malutensilien mit, und das war der »kleine Schlüssel«.

Mein Malen wurde eine wirksame Verkaufshilfe und ein wichtiger Bestandteil unserer Verkaufsaktionen. Denn solange ich meine kleinen Wegrandblumen malte, blieben die Messebesucher interessiert stehen, und während sie zuschauten, lief nebenher nun erfolgreich der Verkauf. Gleichzeitig wurden dem Besucher, der Aufklärung über MS suchte, viele Fragen aus eigener Krankheitserfahrung beantwortet. Was die DMSG »Hilfe zur Selbsthilfe« nennt und als erfolgreiche Therapie erkannt hat, das wurde mit unserer Verkaufsaktion und der gleichzeitigen Aufklärungs- bzw. Öffentlichkeitsarbeit buchstäblich praktiziert.

Für den guten Zweck scheute ich auch nach der Messe keinerlei Anstrengungen. Unermüdlich eilte ich von Termin zu

Termin. Ich saß an meinem kleinen Maltisch in Bankfilialen und in den Fachabteilungen großer Kaufhäuser in Berlin und dann auch in Düsseldorf, Hamburg und Hannover und malte meine »Wildblumen«, während die DMSG-Feldblumenteller verkauft wurden. Schon bald ging ein beachtlicher Spendenbetrag an den Bundesverband der Deutschen Multiple Sklerose Gesellschaft.

Hin und wieder wurde über die Verkaufsaktionen auch in den Medien berichtet. Dadurch kamen manchmal Leute zu mir, die – wie sie selbst meinten – durch meine Art der »Hilfe zur Selbsthilfe« wachgerüttelt wurden und sich dafür bedankten. So ergaben sich neben der Malerei mannigfaltige Gespräche, die Mut machten und Kraft gaben.

Aber hier wurde es auch wieder offenbar, wie sehr MS-Kranke Hilfe benötigen. Es waren mitunter erschütternde Begegnungen, oftmals Angehörige von MS-Kranken, die von weit herkamen und wegen der scheinbaren Ausweglosigkeit verzweifelt bei mir den gewissen »Strohhalm« suchten. Durch meinen unmittelbaren Einfluß war ich ohne besonderes Zutun auf einmal in viele Schicksale verflochten. Ich lernte andere Betroffene kennen, die durch die gleichen schlimmen und schmerzhaften Zeiten gegangen waren und dann ihr Leben auch eigenverantwortlich in die Hand genommen hatten. Sie und ich, *wir alle haben gelernt, daß selbständiges oder autonomes Leben auch dann stattfinden kann, wenn wir auf ständige Hilfe angewiesen sind, solange wir diese Hilfe selbst einteilen dürfen, d. h. wenn unsere ganz persönlichen Vorstellungen berücksichtigt werden.*

Die Erfahrung der anderen und wie sie, zumindest bis zu einem gewissen Grad, mit der Krankheit leben können, verhalfen mir mit zu der Einstellung, die ich heute habe und die ich gern wieder an andere Betroffene weitergeben möchte: *Die beste Therapie ist, so zu leben wie unter ganz normalen Menschen.* Gerade das ist eine so wichtige gewachsene Erfahrung in meinem Leben, nämlich Türen öffnen, um hinaus zu können und Türen öffnen, um hereinzulassen.

Im Herbst 1985 erweckte meine Tellerausstellung im

Schaufenster der Altstadt-Apotheke in Berlin-Spandau besondere Aufmerksamkeit, und dadurch lernte ich die Damen von »Inner Wheel« kennen, die ihre Aufgabe so verstehen: »Getreu dem Leitwort ›Friendship and Service‹ wollen wir uns da einsetzen, wo es unseren rotarischen Ehemännern aus Zeitmangel nicht möglich ist. – Wir sind aufgerufen, Toleranz und Verständnis zu üben. Und so werden wir nach unseren Kräften einen Beitrag für mehr sozialen Frieden in der Welt leisten.«

Mit kreativem und persönlichem Einsatz kümmern diese Frauen sich auch um MS-Kranke. Sie helfen ihnen in den verschiedensten Angelegenheiten und laden sie regelmäßig zu einem netten Beisammensein ein. Die gemeinsamen Stunden sind für beide Seiten immer bereichernd und voller Freude. In dieser Runde und bei einem »Inner Wheel-Meeting« wurde ich gebeten, über mein Leben mit Multiple Sklerose zu erzählen.

Zu dieser Zeit hatte ich einen Teil des Manuskripts zu dem vorliegenden Buch schon fertiggestellt. Es war nicht leicht für mich! Das Aufschreiben konnte auch nur in Etappen geschehen, weil alle geschilderten Situationen mir beim Formulieren wieder gegenwärtig wurden und ich sie gleichsam noch einmal, besonders die »tiefen Stationen«, schmerzlich erleben und verkraften mußte. Doch alles im Leben hat zwei Seiten! Etwas vom eigenen Leben niederschreiben heißt auch: etwas von der Seele schreiben; etwas weggeben! Und so habe ich durch das Aufschreiben das Erlebte gewissermaßen aufarbeiten können; man kann es auch Krankheitsbewältigung nennen.

Das half mir sehr bei diesen und später auch bei weiteren Vorträgen, nun ruhig und frei über die Grat- und Talwanderungen in meinem Leben und über Multiple Sklerose sprechen zu können.

Nachdem eine »Inner Wheelerin« zu Hause von meinem Vortrag erzählt hatte, sagte ihr Sohn Klaus-Rafael spontan: »Ich möchte für MS-Kranke auch etwas tun und ihnen helfen.« Der Musikstudent fand in seinem Kollegenkreis noch sieben andere Musiker, die für den guten Zweck bereit waren, uneigennützig mitzuwirken. So kam es, daß der »Inner Wheel Club-Berlin« in der Jesus-Christus-Kirche in Berlin-Dahlem im April 1986 ein hervorragendes Benefizkonzert zugunsten Multiple-Sklerose-Kranker veranstaltete. Und für den guten Zweck kam ein ansehnlicher Betrag zusammen.

In der Konzertpause verkaufte mein Mann im Vorraum der Kirche meine nie verwelkenden »Feldblumensträuße« – eingebrannt in Porzellan. Er war nicht nur bei solchen Gelegenheiten mit dem Verkauf beschäftigt, sondern hatte schon seit längerer Zeit neben seiner Berufstätigkeit ehrenamtlich nun den Tellerverkauf auch über den Postversand übernommen. Es war gut, daß ich diese Stütze hatte, denn noch immer bestimmte bei mir die Krankheit Multiple Sklerose den Grad, wie leistungsfähig ich sein durfte und konnte.

Wegen der vielen Reisen und Tätigkeiten mußte ich oft meine bewährten Therapien wie Krankengymnastik, Hippotherapie und Yoga vernachlässigen; und das bekam ich nun leider zu spüren. Um neue Kraft sammeln zu können, kam auch der vielzitierte Rollstuhl wieder aus dem Keller. Als er vor mir bereitstand, hatte ich doch ein bißchen Herzklopfen. Aber diesmal setzte ich mich nicht, wie in jenen Tagen, voller Angst in den Rollstuhl, sondern versuchte, meine Kraft einzuteilen und in ihm eine Bewältigungshilfe zu sehen.

So wie andere Leute eine Brille aufsetzen, wenn sie nicht genügend sehen können, benutzte ich in dieser Erkenntnis den Rollstuhl, wenn ich nicht genug Kraft hatte. Und vom ersten Tag an konnte ich hoffnungsvoll sagen: seit ich den Rollstuhl benutze, geht es mir besser. Der nötige Mut – wiederum neu zu beginnen, wieder zu üben und nochmals zu üben und auch durchzuhalten – stellte sich nicht zuletzt durch mein positives Denken wie von selbst ein.

Es kommt darauf an, sich innerlich möglichst rasch bejahend auf die neue Lage einzustellen und danach zu streben, das Gute zu sehen und sich nicht in dem Glauben beirren zu lassen, daß schon alles wieder besser werden wird. Was immer im Augenblick auch gegen eine Realisierung spricht –

versucht habe ich es trotzdem, und es gab immer wieder eine Lösung, die mir bewußt machte – ich habe es geschafft.

So können wir mit der inneren Kraft positiven Denkens den Alltag, der Prüfstein aller großen Worte und des Handelns ist, besser meistern und bestehen.

Ich fand meine innere Balance wieder, und eine weitere Hilfe zur Selbsthilfe erhielt ich, wie schon in den vergangenen Jahren, so auch diesmal, durch die Intensivbehandlung in der Rommel-Klinik im Schwarzwald. Anschließend verlebten mein Mann und ich im Herbst 1986 noch erholsame Tage am Chiemsee. In mein Reisetagebuch schrieb ich an einem der letzten Tage u. a.: »...ich bin sehr froh und weiß es zu schätzen, hier am schönen Chiemsee-Uferweg wieder laufen zu können. Diese schöne Gegend nimmt uns immer wieder gefangen, und wir fühlen uns hier viel freier als irgendwo anders. Das Lebensgefühl wächst, wenn man die Natur, wie hier am Chiemsee, mit eigenen Augen geschaut und erlebt hat.«

Seitdem ich nach der Natur male und sie beobachte, bin ich ihr noch mehr verbunden. Die Welt der Pflanzen und das Eingebettetsein in der Natur, in der so vieles zu finden ist, wird für mich immer wieder zur belebenden Energie-Quelle.

Kein Tag war verloren, wir waren dankbar und glücklich, daß wir diese erfüllten Tage am Chiemsee erleben durften. Nun hatte ich Muße, wieder zu malen. Es ist gewiß auch landschaftlich bedingt, daß viele Künstler hier zum Malen inspiriert wurden. Bei unseren Ausflügen hatte ich meist den Zeichenstift zur Hand. Ich suchte mir ein »Opfer«, entwarf und skizzierte meine Muster – Blumen oder Landschaften – zunächst auf Papier. So entstanden schöne Motive, die ich dann zu Hause in Berlin auf Porzellan malte.

Malen zu können bedeutet für mich Zufriedenheit und ist ein gewisses Ausruhen, aber zugleich auch Inspiration, immer wieder Neues entstehen zu lassen und mit der Art meines künstlerischen Gestaltens anderen Freude zu bereiten.

Durch eine kreative Tätigkeit, und sei sie noch so klein,

lernt der Mensch intensiver zu sehen, rascher zu erkennen und Zusammenhänge besser zu begreifen! In ihm schlummern oft unterdrückte Fähigkeiten. In ihrer Herausforderung steigern sie das Lebensgefühl. Selbst das kleinste Erfolgserlebnis beflügelt und regt die Neugier an. Jeder hat in sich Anlagen und Fähigkeiten – man muß sie nur entdecken und vieles ausprobieren. Der stereotype Satz: Das kann ich nicht, steht dann an letzter Stelle.

»Arbeit, nützliche, fröhliche Arbeit, ist die beste Medizin für unsere Kranken.« (Friedrich von Bodelschwingh) Und sie gibt ihm dadurch die Möglichkeit, seine Fähigkeiten zu entfalten, sich zu bewähren und vor allem das nötige Selbstvertrauen zu entwickeln.

Kommunikation

Zwischenmenschliche Beziehungen herzustellen, über den Raum der Familie hinaus Kontakte zu pflegen, sich mitzuteilen, zuhören zu können und Erfahrungen auszutauschen ist für mich seit einigen Jahren und hauptsächlich nach dem Erscheinen der ersten Ausgabe meines subjektiven Lebensberichtes zu einer bedeutsamen, wichtigen Verpflichtung und Aufgabe geworden.

An Kommunikationswegen mangelt es oft bei kranken Menschen und auch besonders bei dem MS-Kranken, weil er sich bei der emotionalen Bewältigung, der meist schlagartig eintretenden Veränderung, deren Auswirkungen und Folgen, letztlich immer allein und unendlich einsam fühlt, auch wenn er äußerlich nicht allein im strengsten Sinne ist, vielleicht Angehörige und Freunde hat. Die innere Einsamkeit eines Menschen hat letztlich wenig mit den äußeren Umständen zu tun, sondern mit des Menschen innerstem Kern selbst und der inneren Sehnsucht nach Geborgenheit.

Über Wochen und Monate, manchmal über Jahre drängt

aus dem Innern etwas herauf, das nach einer Änderung verlangt. Etwas bisher Gültiges hat in seiner bisherigen Form seine Berechtigung verloren.

Immer wieder lese ich in den Briefen: »Alles ist so trostlos, ich kann mich über nichts mehr freuen, das Leben erscheint mir sinnlos.« Und: »Ich fühle mich so einsam. Es gibt niemanden, mit dem ich mal über meine Probleme sprechen kann, der mir, wenn auch nur für einen Moment, das Gefühl gibt, ich bin für dich da.«

An dieser Stelle scheint es mir wichtig, auf das Thema Einsamkeit einzugehen, weil sie für viele vom Schicksal betroffene Menschen ein großes Lebensproblem ist. Es ist die Angst vor der Hilflosigkeit, dem Unvermögen, mit alledem fertig zu werden, vor der Ungewißheit, ob und wie die Krankheit fortschreiten wird. Es ist auch die Angst vor dem Mitleid der anderen – ob sie es nur gut meinen oder ehrlich? Kranke werden mißtrauisch im Umgang mit der Umwelt und isolieren sich. Es ist so etwas wie eine durchsichtige, schützende, feste Hülle, die um den Menschen wächst, ohne daß er es selbst merkt, sie entsteht aus vielen Enttäuschungen und Kränkungen, aus unliebsamen Begegnungen, aus Aggressionen und Ängsten. Es kommt dann zwar nicht mehr so viel an ihn heran, es kommt aber auch nicht mehr viel aus ihm heraus. Dieser Mensch verkümmert im eigenen Herzen; er fühlt sich einsam.

Jedoch noch schlimmer als die Einsamkeit ist die lähmende Angst vor der eigenen Leere, vor dem Mißbehagen im Zustand ungewollter Untätigkeit, dem Gefühl, nicht mehr gebraucht zu werden und als Mensch nicht mehr das zu bedeuten, was er früher war, was er noch zuwege bringen und verwirklichen konnte. Wenn jemand sagt: ich kann nicht mit mir allein sein, erfährt er die Einsamkeit als einen schrecklichen Abgrund. Das Erlebnis der Isolierung oder das Gefühl des Unverstandenseins bereiten Qualen, die bei gefühlsbetonten Menschen tatsächlich tödlich enden können. Doch »nichts ist aussichtslos, wenn wir uns nicht selbst aufgeben« (Marc Aurel).

Ich meine, geben und nehmen, zuhören können und sich mitzuteilen ist für den Kranken vor allem in den schwersten Lebenssituationen notwendig, aber auch möglich. Dazu brauchen wir ein Mindestmaß an Bereitschaft und Vertrauen. Oft werden wir auf die Notwendigkeit erst durch einen anderen Menschen unserer Umgebung aufmerksam gemacht; um wieviel leichter ist es uns, diesen Bereitschaftsprozeß für andere anzustoßen, als ihn für uns selbst zu akzeptieren! – Letztlich wird aber jeder nur die Kontaktaufnahme und das Vertrauen für sich selbst mobilisieren können.

Das kann ich, ehrlich gesagt, selbst auch erst, weil ich gelernt und erkannt habe, daß jeder Mensch das »Draußen« braucht, um das »Innen« spüren zu können. Beides bedingt einander.

Ich habe die Hoffnung und bin darin eigentlich auch durch Antworten bestärkt, daß es möglich ist, kommunikativ Brükken zu bauen, Verbindungen herzustellen und besonders alleinstehenden Menschen zu helfen, ihr Leid und vor allem die Einsamkeit leichter zu ertragen. Bei Lukas 11,9 heißt es: »Bittet, so wird euch gegeben; sucht, so werdet ihr finden; klopft an, so wird euch aufgetan.« Wir alle, ob gesund oder krank, brauchen diese Aufforderung heute auch oder sogar erst recht. Denn wer keine Ziele mehr hat, macht sich erst gar nicht auf den Weg. Zu einer Situation des »Auf-einmal-nicht-mehr-weiter-Wissens« und quälender Einsamkeit könnte gerade an Krisentagen das Gespräch, der Dialog mit einem verständnisvollen Menschen eine Hilfe von unschätzbarem Wert sein.

Einsamkeit kann aber auch die wertvolle Chance bedeuten, zu sich selbst zu finden. Es können »Türen« aufgehen, die sich nur den vom Leid geprüften Menschen aufschließen lassen. Es ist fast so, als müßten wir diesen Schmerz und diesen Kampf erst durchmachen, um zu wachsen und neue Höhen zu erreichen. Dann finden wir inneren Frieden und kennen ein Dankgefühl von ganz eigener Qualität. Leid läutert, öffnet das Verständnis auch für andere, und überstandenes Leid kann zum Trost werden.

Und dennoch ist der Mensch, trotz seiner individuellen Bedürfnisse nach Einsamkeit, von der Natur aus dazu bestimmt, in der Gemeinschaft zu leben. Die selbstgewählte Einsamkeit mag in besonderen Fällen ein Bedürfnis sein, jedoch die durch Krankheit aufgezwungene ist unerträglich. Deshalb muß jeder für sich selbst einen Weg suchen und finden. Gelingt es, die Verantwortung für das eigene Schicksal zu übernehmen, wird Krankheit zur Chance und ermöglicht, auf die Hinweise des eigenen Musters zu antworten.

Allerdings braucht der Kranke fast immer eine »Starthilfe« oder jemanden, der nach dem Aufziehen der Uhr auch das Pendel in Bewegung setzt. Um einem Menschen beizustehen und ihn zu trösten, muß vor allem das eigene Mitgefühl aufrichtig sein! Das Mitgefühl steht höher noch als Mitleid, denn es umfaßt auch die Mitfreude, zu der es bei vielen mitleidigen Seelen nicht reicht. Gerade kranke Menschen sind äußerst empfindsam und spüren genau, wenn der Trostspendende nicht ehrlich, nicht bei der Sache ist. Wer hingegen zeigt, daß er »auch nur ein Mensch« ist, die Scheu überwindet, Gefühle auch vor anderen zuzugeben, macht es denen leicht, ihm gegenüber offen zu sein. Ich meine, es liegt wohl nicht am guten Willen, hilfsbereit zu sein, sondern der gesunde, lebensfrohe und ausgefüllte Mensch hat fast vergessen, sich in das Leid des Nachbarn hineindenken zu können.

Wäre es nicht notwendig und besonders wichtig, daß wir uns alle bemühen, unseren »Nächsten« mit mehr Aufmerksamkeit zu begegnen, Anteilnahme zu zeigen und zu verstehen versuchen? Vielleicht müssen wir uns manchmal erst etwas »zurücknehmen« und auch ärmer werden, um die Zuwendung dem anderen gegenüber für selbstverständlich zu halten? Dies gilt aber auch für den Kranken selbst! Wer nicht fähig ist, im richtigen Augenblick Anteil an den Problemen und Sorgen anderer zu nehmen, wird es nicht einfach haben, Freunde zu finden; Freunde aber braucht jeder – gerade in kranken Tagen.

Zuwendung ist eine der wichtigsten Voraussetzungen für zwischenmenschliche Beziehungen. Oft bedeutet es schon Freude, wenn der Postbote klingelt und einen Brief bringt. So ein Brief stellt möglicherweise im Laufe der Zeit die abgerissene Verbindung zur Außenwelt wieder her. Der Kranke ist am Leben beteiligt, er nimmt Anteil, jemand denkt an ihn. Ein Brief läßt sich immer noch einmal lesen – im Gegensatz zum Telefongespräch –, und man kommt mit der Zeit dem Gedanken des Schreibers immer näher. Man versteht! Geteiltes Leid ist halbes Leid.

Gern schreibe ich auch Angehörigen von Erkrankten, um ihnen Mut zu machen, in ihrem Alltag durchzuhalten und Geduld für den kranken Partner oder Verwandten aufzubringen. Angehörige haben es beileibe nicht leicht, sie leiden mit, müssen sich um vieles kümmern und sind oft überfordert. Das zeigt sich insbesondere dann, wenn Kranke geradezu eigensinnig jegliche Hilfe von Außenstehenden ablehnen.

Schier verzweifelt schrieb mir eines Tages der Mann einer MS-Kranken aus Bayern in einem Brief: »Sie kennen meine Frau von ihrem gemeinsamen Krankenhausaufenthalt her und wissen, wie sehr sie der täglichen Hilfe und Pflege bedarf. Ich bin oft zu sehr angespannt, um diese Aufgabe allein schaffen zu können. Ich mag ihr auch nicht sagen, daß es mir selbst gesundheitlich nicht gut geht. Endlich habe ich in unserer Nachbarschaft eine nette Frau gefunden, die zur Aushilfe bereit ist. Schwierig und eigensinnig, wie meine Frau durch ihre Krankheit inzwischen geworden ist, lehnt sie diese Nachbarschaftshilfe rundweg ab und will aus Prüderie nur von mir gepflegt und betreut sein. Die Nachbarin wäre sogar bereit, tagsüber bei ihr zu bleiben, so daß ich in Ruhe meiner Arbeit nachgehen kann und nicht dauernd in Sorge sein muß. Was kann ich tun? Ich weiß mir keinen Rat mehr! Wenn Sie können, schreiben Sie doch bitte nur ein paar Zeilen an meine Frau, denn, wenn Sie etwas vorschlagen, hört sie vielleicht darauf, sie meint immer: *Sie könnten ihre Lage verstehen, Sie sind selbst betroffen.*«

Die in diesem Brief geäußerte Hoffnung ist durchaus verständlich und realistisch. MS-Kranke und auch andere Kranke lassen sich lieber von Leidensgenossen beraten, sie stehen Meinungen anderer skeptisch gegenüber. Das erklärt auch ein wenig den Eigensinn seiner MS-kranken Frau, wenn es ihn auch keineswegs entschuldigt. Behinderte belasten ihre eigenen Angehörigen manchmal unnötig stark, spannen allein nur sie zu ihrer Betreuung ein und engen damit deren Lebensraum bis zur Unerträglichkeit ein.

Gerade diesen Gedanken habe ich in meinem Antwortbrief an seine Frau betont, habe ihr von der Überforderung ihres Mannes geschrieben und sie gleichzeitig gebeten, auch einmal an dessen Gesundheitszustand zu denken. Im Verlauf des Briefes habe ich sie an die Krankenhaussituation und die dortigen Erlebnisse, auch mit anderen, erinnert und ihr dringend geraten, die angebotene Hilfe anzunehmen.

Tatsächlich hat sie, wie gewünscht, reagiert und, wie ich später erfahren habe, besorgt ihren Mann gefragt, ob er denn wirklich überfordert und nicht mehr gesund sei. Sie war also so sehr mit sich und ihrer Krankheit beschäftigt gewesen, daß sie in dem Glauben lebte, um sie herum sei alles in Ordnung.

Manchmal scheint es wirklich nur eines kleinen Anstoßes von Außenstehenden zu bedürfen, um eine andere Einstellung zu erreichen, den Kranken über sich hinauswachsen und Verständnis für andere gewinnen zu lassen.

Nicht immer liegen Erfolge so auf der Hand. Aber das Echo, das meine Briefe bislang hervorgerufen haben, gibt mir Mut, nach Kräften in dieser Form weiterzumachen.

Die Wiederentdeckung und Wiederbelebung des Selbsthilfegedankens sowie die zunehmende Beachtung ehrenamtlicher Hilfe und Selbsthilfe-Initiativen haben Veränderungen in unserem Gesundheits- und Sozialwesen angebahnt; sie sind Teil der neuen sozialen Bewegung.

Obwohl es noch viele Probleme gibt, standen noch in keiner Zeit so viele Möglichkeiten der Kommunikation zur Verfügung, haben sich Menschen so sehr für Behinderte eingesetzt und sie ernstgenommen wie heute. Noch vor zwei Jahrzehnten gab es keine öffentlichen Telefone für sie, keine Sozialstationen, keine eigenen Aufzüge und keinen Fahrdienst-Telebus. Und sah man noch vor ein paar Jahren skeptisch auf Selbsthilfegruppen, so werden sie heute immer mehr anerkannt und sogar öffentlich gefördert.

Die beste Begründung für die Existenz und Notwendigkeit von Selbsthilfegruppen enthält wohl das Vorwort des ehemaligen Bundesministers für Jugend, Familie und Gesundheit, Heiner Geißler, in der Festschrift »30 Jahre DMSG«; er erinnert daran, »daß der Mensch noch immer das ist, was er war und bleiben wird, ein soziales Wesen, das auf den mitmenschlichen Kontakt gerade in Krankheit und Not angewiesen ist und daß er ohne den persönlichen Kontakt und die familiäre Einbettung auch in der Gruppe Gleichbetroffener nicht leben könnte«. – Das im Alltag eines MS-Kranken zu verwirklichen, ist durch die zunehmende Selbsthilfe-Initiative erst möglich geworden und besonders dem unermüdlichen Einsatz haupt- und ehrenamtlicher Helfer innerhalb der DMSG-Landesverbände und der Deutschen Multiplen Sklerose Gesellschaft im Rahmen ihrer Organisation zu verdanken. »Sie nimmt sich bundesweit der MS-Kranken an, berät sie, betreut sie und hilft ihnen, aus ihrer Isolierung herauszutreten und mit ihrer Krankheit ein menschenwürdiges Leben zu führen«, so Veronica Carstens, ehemalige Schirmherrin der DMSG, in oben genannter Festschrift.

Seit der deutschen Wiedervereinigung im Jahre 1990 gibt es auch in den neuen Bundesländern, wie schon seit vielen Jahren zuvor in Berlin und den anderen Bundesländern, jeweils Landesverbände der DMSG, und gleichzeitig entstanden überall Selbsthilfegruppen. Das allein war für mich Grund genug, in einer der Gruppen ein weiteres Betätigungsfeld zu suchen. Viele MS-Kranke werden fragen: Warum gerade Selbsthilfegruppe, wer kann da hinkommen, und was wird da getan? Kontakt- und Selbsthilfegruppen, die es nun schon weitverbreitet und auf vielen Gebieten gibt, z. B. für Rheuma-, Krebs- oder Aids-Kranke, sind kleine Gruppen mit einer begrenzten Zahl von 10–15 Personen, in denen sich freiwillig Menschen gleichen Schicksals zusammengeschlossen haben, um sich bei der Bewältigung ihrer Schwierigkeiten und Nöte gegenseitig zu unterstützen und Erfahrungen auszutauschen sowie Informationen weiterzugeben.

Diese laienhaften Gruppen mindern keineswegs die Arbeit und Bedeutung der helfenden Berufe, sondern sie dienen als Bereicherung und Ergänzung des bestehenden Netzes der öffentlich angebotenen sozialen Einrichtungen. Selbsthilfegruppen benötigen dennoch viel Zeit, um zu wachsen und zu reifen und sind durch die meist unterschiedliche Zusammensetzung der Mitglieder oft sehr fragile Gebilde. Strukturen sind nicht vorgegeben und müssen sich erst im Laufe der Zeit von selbst finden.

Es ist zu empfehlen, daß diese Gruppen anfangs von Sozial-Fachleuten oder Psychologen angeleitet, später aber von Gleichbetroffenen – Gruppensprechern – geführt werden. Selbsthilfegruppen lassen in der Regel eine homogene Atmosphäre entstehen, in der auch gehemmte und verschüchterte Menschen sich angesprochen fühlen sollen und den Mut finden, aus sich herauszugehen und von sich und ihren Nöten zu sprechen. Selbst zuhören, andere erleben und sich daran vergleichen zu können, bringt persönlichen Gewinn und hilft, den Alltag und die Probleme anders zu sehen und besser zu bewältigen. Die Selbsthilfegruppen füllen also jene für den MS-Kranken so wichtigen individuellen Bedürfnisse und

Freiräume aus, die von Kliniken, Fachärzten und Therapeuten, vor allem aus Zeitgründen, nicht ausgefüllt werden können.

Wie diese Hilfe zur Selbsthilfe in der Gruppe nun praktisch aussieht und verwirklicht werden kann, verdeutlicht das erwähnenswerte Beispiel einer jungen Frau, die seit einem Jahr regelmäßig zu unseren Gruppenabenden kommt: Nach vier Jahren Zwangspause konnte sie nun wieder berufstätig sein. Bei einer Betriebsfeier ist den Arbeitskolleginnen und Freunden die positive Veränderung ihres körperlichen Zustandes und besonders ihre deutlich verbesserte seelische Verfassung aufgefallen. Man erkannte in ihr die selbstbewußte, fröhliche junge Frau von vor fünf Jahren wieder, als sie noch keine MS hatte.

Ihre Krankheitsbewältigung und das in letzter Zeit bessere Befinden verdanke sie zum großen Teil den Gesprächen, dem Zuhören und Aktivsein in der Selbsthilfegruppe, erzählte uns freimütig die junge Frau. Sie sei auch seitdem zuversichtlicher gestimmt und habe mehr Vertrauen zu sich selbst und vor allem aber eine andere innere Einstellung zur Krankheit gefunden. Diese Erkenntnis und somit Hilfe für sich selbst hätte sie schon eher haben können, sagt sie heute! Denn aus dem Bewußtsein heraus, nicht nur Ansprüche an private oder öffentliche Organisationen zu stellen, zu fordern und zu empfangen, sondern nach Kräften selbst etwas für die nötige Veränderung der Lebenssituation zu tun, wollte sie sich schon früher einer Gruppe anschließen, aber aus verschiedenen Gründen verzögerte sie immer wieder diesen Schritt. Es steckte Angst dahinter, weil sie eine unter Umständen deprimierende Konfrontation mit Kranken, denen es schlechter geht, vermeiden wollte und glaubte den Anblick von »so viel Leid« nicht verkraften zu können. Sie wollte auch nicht an ihre Krankheit oder durchlebten Situationen erneut erinnert werden.

Das waren verständliche Gründe; aber als die junge Frau dann endlich das erste Mal bei uns in der Gruppe mit am hübsch gedeckten Tisch saß, war sie erstaunt und erleichtert zugleich, nicht nur »heulendes Elend« zu sehen und nicht nur ernsthafte, deprimierende Krankengeschichten zu hören. Das von ihr gefürchtete negative Bild von einer Selbsthilfegruppe entsprach hier keineswegs ihrer Vorstellung. Im Gegenteil – in dem fröhlichen Kreis hieß es vorrangig: »alles hat seine Zeit...« Auch schwerer Behinderte konnten hier lachen. Gerade sie wirkten gelöst, nett und freundlich und keiner schaute neugierig zu, wie es jemand mit unkontrollierbaren Armbewegungen fertigbringt, mit dem Strohhalm als Hilfsmittel seinen Kaffee zu trinken. In der Gruppe fühlten sich alle sicher, denn jeder war mehr oder weniger auch von der Krankheit betroffen und trotzdem ein Mensch mit aktiven Möglichkeiten.

Als besonders angenehm empfand unser neues Mitglied daher, daß niemand sie drängte, gleich von ihrer eigenen Krankengeschichte zu erzählen. Sie war anfangs einfach nur da, bis sie eines Tages von selbst so weit war und »mitreden« wollte und konnte.

Aufgrund des Beispiels dieser jungen Frau, das gewiß für viele Mitglieder spricht, denen es ähnlich ergangen ist, möchte ich MS-Kranke ermuntern, sich einer der Gruppen so früh wie möglich anzuschließen, besonders dann, wenn der unfaßbare und kaum zu verkraftende Moment kommt: »Diagnose MS«. Aufklärung von Gleichbetroffenen in der Gruppe kann einen kleinen Teil des Schreckens nehmen. Und wenn dazu das wohltuende Umfeld, die Fürsorge und das Verständnis keine Fehlanzeige sind, kann dieser Mensch leichter tragen und ertragen. Denn wenn ein Mensch in seiner Notlage erkennt, daß er mit seinem Schicksal nicht allein ist und seine Lebensbedingungen sogar selbst beeinflussen kann, so ist das eine ermutigende Erfahrung, die dem Leben, trotz des Handicaps, wieder Sinn und Erfüllung bieten kann.

Es hat sich bei vielen Leidtragenden in der Gruppe gezeigt: *Wer selbst etwas tut, und sei die Fähigkeit noch so gering, wer für sich selbst Verantwortung trägt, ist seltener für das ach so seßhafte Selbstmitleid oder die alles nur noch verschlimmern-*

den Depressionen anfällig. Er fühlt sich wohler als jemand, über dessen Kopf immer andere bestimmen.

Doch gilt es dafür auch persönlich etwas zu tun, man muß sich selbst »einbringen«. Da sind vielfältige Aufgaben, die übernommen werden wollen und die die Mitarbeit der Gruppenmitglieder herausfordern. Eine gemütliche Ausgestaltung der Gruppenabende erleichtert und vertieft nicht nur die mitmenschliche Begegnung. In solcher Atmosphäre gedeihen auch leichter Pläne über gemeinsame Unternehmungen und Vorhaben, die das Gruppenleben noch fruchtbarer werden lassen und zu Aufgaben anspornen, die über den eigenen Kreis hinausführen und die Umwelt und das Leid anderer Mitmenschen nicht vergessen lassen.

Über Gespräche hinaus organisieren wir in unserer Gruppe auch gemeinsame Unternehmungen wie Filmabende, Ausflüge, Konzert- und Theaterbesuche und Veranstaltungen mit anderen MS-Selbsthilfegruppen. Dies alles ist mehr als nur eine willkommene Abwechslung, schließt es doch eine Gettobildung aus und läßt durch die gemeinsamen Erlebnisse die Gruppenmitglieder enger zusammenwachsen und ein Gemeinschaftsgefühl entstehen.

Eine Aufgabe, die auch weniger Bewegliche leisten können, ist Brücken zu bauen durch Brief- und Telefonkontakte zu Leidensgenossen. Solche Aktivitäten haben oft unerwartete Rückwirkungen auf das Leben in der Gruppe, ermutigen und regen zu neuem Tun an. Eine Möglichkeit, die eigene Fingerfertigkeit zu üben und gleichzeitig anderen Freude zu bereiten, ist z. B. Papier-Batik-Karten selbst herzustellen und sie als Festtagsgruß an Kranke, ehrenamtliche Helfer, Ärzte oder öffentliche Einrichtungen zu verschicken. Das ist eine gute Gelegenheit, den vielen Helfern auch einmal »Danke« zu sagen. Eine solche, vielleicht erst sogar mit Skepsis begonnene Aktion vermag ein vielfaches Echo auszulösen und ist nach unserer Erfahrung beste Öffentlichkeitsarbeit.

Alle Aktivitäten vermögen natürlich nicht die individuellen Probleme zu lösen, die immer wieder auch in der Gruppe zutage treten. Es zeigt sich, daß dabei aufgeklärte MSler Ruhe ausstrahlen und in wohltuender Offenheit versuchen, allen zu Aufklärung und damit zu einer besseren Einstellung zu sich und ihrer Krankheit zu verhelfen. Dazu gehört ein Wissen über den Körper, dessen Funktionen und Reaktionen im Verlauf der so eigenwilligen Krankheit. Es scheint, als ob dieses Wissen neben der persönlichen Willenskraft die beste Waffe ist gegen Inaktivität, Selbstmitleid und Resignation, die allzu oft in Depressionen enden und zur wachsenden Belastung wird, insbesondere auch für die Angehörigen.

Um unser Ziel erreichen zu können, nämlich MS-Kranke zu akzeptieren, wie sie sind, und ihnen hilfreich zur Seite zu stehen, muß auch in der Zukunft noch viel Öffentlichkeitsarbeit geleistet werden, sind noch viele Hürden auf dem weiten Weg zu einem Miteinander wegzuräumen. Leicht ist das gewiß nicht, aber wenn man bedenkt, welche großen und oft unüberwindlichen Probleme gesunde, nichtbehinderte Menschen haben, müßte leicht eine Brücke zu bauen sein.

Eine uralte Tatsache ist: In der Gemeinschaft trägt und lebt sich's leichter, warum sollte das nicht auch auf MS-Kranke zutreffen?

Abschließend möchte ich von einer Begebenheit aus der hiesigen Gruppe berichten, die mir noch heute unvergeßlich vor Augen steht: Frau B. hatte schon mehrmals an Zusammenkünften der Selbsthilfegruppe, meist schweigend, teilgenommen. Ihre Gestalt wirkte schmal und zerbrechlich, ihr Gesicht war verschlossen, sie wirkte verhärmt und verkrampft. Sobald sie die Rollstuhllehne losließ, begannen ihre Arme ruckartig hin und her zu schlagen; sie versuchte vergebens, ihre fahrigen, unkontrollierten Bewegungen zu steuern. »Ich will aber nicht ›ja‹ sagen zu meiner Hilflosigkeit und meiner verdammten Krankheit. Ich will wieder schreiben können!« brach es plötzlich in einem ebenso ohnmächtigen wie trotzigen Aufschrei aus ihr heraus. Es ist ihre heftige Antwort auf den gutgemeinten Zuspruch eines neben ihr, auch im Rollstuhl sitzenden, etwa gleichaltrigen Mannes, der plötzlich und unerwartet nach ihrem Arm greift, seine Hand auf ihre legte, und sie gegen die Tischoberfläche drückte. Die ataktischen Bewegungen kommen dadurch zur Ruhe, wie auch Frau B. wohltuend zu empfinden scheint.

Noch einmal wiederholt der Mann seinen vorherigen Satz: »Sie müssen lernen, Ihre Krankheit und Ihren Zustand anzunehmen, wenn Sie wirklich eines Tages wieder zum Schreiben kommen wollen.«

Kann es einen besseren Beweis für das sinnvolle Dasein von Selbsthilfegruppen und den darin möglichen gegenseitigen Hilfeleistungen geben, als in der hier geschilderten kleinen Begebenheit, einer im Alltag durchaus nicht seltenen Situation? *Wenn die Beratung von einem ebenfalls Erkrankten kommt, wird der Hinweis ernster genommen und eher akzeptiert, als wenn ein Außenstehender etwas sagt. Denn ein Gleichbetroffener spricht nicht wie ein Blinder von der Farbe; er weiß Bescheid!*

Blick zurück – in Dankbarkeit

Die moderne Medizin hat viele gesundheitliche Probleme bereits gelöst; manche andere sind ungeklärt, aber zumindest unter Kontrolle. Doch zu einer der unheilbaren, rätselhaften Krankheiten gehört leider immer noch Multiple Sklerose, deren Entstehungsursachen völlig unklar sind. Professor Dierk Dommasch, der für den klinischen Bereich innerhalb der Würzburger MS-Forschungsgruppe zuständig war, sagte dazu: »Derzeit hat, grob gesagt, ein Patient dann MS, wenn ein kompetenter Neurologe sagt, daß er sie hat. Es gibt für diese Krankheit noch keinen spezifischen diagnostischen Test. Man richtet sich nach charakteristischen, doch nicht verbindlichen Merkmalen, die der Symptomatik und dem Verlauf der MS entsprechen, sowie nach typischen, doch gleichfalls nicht als zwingendes Indiz geltenden Veränderungen in der Hirn-Rückenmarks-Flüssigkeit. Besonders schwierig ist ferner, den Verlauf des Leidens objektiv zu fassen und, damit verbunden, den Wert einer Behandlung zu beurteilen.«

Man vermutet mehrere untereinander in Wechselbeziehung stehende Faktoren – ohne daß bis heute auch nur ein Krankheits-Auslöser sicher nachgewiesen wäre. Entsprechend kennt man auch keine kausative, auf die Ursachen zielende Behandlung. Deshalb konnte ich grundsätzlich auch keine »handfesten« Patentrezepte oder Modelle von Heilungsbehandlungen in diesem Buch vermitteln, weil es sie nicht gibt. Aus dem Grunde habe ich auch die Aufzählung aller Medikamente vermieden, die mir, wenngleich häufiger danach gefragt, in akuten Stadien nützlich waren. Die individuellen Entscheidungen über therapeutische und medikamentöse Behandlungsarten gehören in die Hand des jeweiligen Arztes.

Leider ist nicht immer das, was dem einen MS-Patienten

nützt und weiterhilft, auch für den nächsten gleich geeignet, da bei jedem der Krankheitsverlauf und die Umstände anders gelagert sind. Dennoch, meine ich, ist es vielleicht möglich, diese oder jene Parallele aus den skizzierten Erfahrungen herauszulesen, die der Betroffene als Orientierungshilfe leicht zu seinen eigenen Erfahrungen und seiner tatsächlichen Situation in Beziehung setzen und ihn anregen kann, nach eigenen Wegen und Mitteln zu suchen.

Es zeigt ihm außerdem, was auch in langen Krankheitsjahren mit vielen Rückschlägen durch den Willen, durch positives Denken und die eigene Energie möglich ist. Je mehr wir unser Selbst mit all seinen Möglichkeiten, mit all seinen Licht- und Schattenseiten wahrnehmen, um so besser können wir auch erkennen, daß wir die Freiheit haben, uns zu entscheiden, und daß wir selbst die Verantwortung für unser Leben tragen.

Wir können uns entweder resignierend, jammernd und selbstbemitleidend dem furchtbaren Los hingeben – oder wir versuchen das eigene Schicksal aktiv in die Hand zu nehmen und alles in unserer Macht Stehende zu tun, um zu erkennen, daß die Ereignisse und Krisen auch neue positive Werte und eine ganz andere Lebensweise erschaffen können, die sich nach einem gefundenen und auch selbst gegebenen Sinn richtet und gestalten läßt. Es verlangt eine bewußte Auseinandersetzung und ein ständiges Bemühen, um sich weiterzuentwickeln. Grundsätzlich gilt, daß man mit kleinen Schritten und nur bei sich selbst anfangen kann und soll.

Hier mein Rat für Betroffene: Wichtig ist, gleich heute noch mit den kleinen Dingen anzufangen, an sich selbst zu glauben, wieder zu glauben. Dieses Vertrauen wird jedem helfen, denn wer an sich selbst glaubt, der kann »Berge versetzen«. »Der Mann, der den Berg abtrug, war derselbe, der anfing, die ›kleinen‹ Steine wegzutragen«, heißt ein weises Wort aus dem alten China.

Es ist letztlich einzig und allein der Kranke, der sein Ziel erreichen muß. Sollte ein wohlwollender Wegbegleiter helfend und ratend in der Nähe sein, ist es um so wertvoller.

Selbst etwas Konkretes tun, kann der erste Schritt sein, auch dem Helfenden entgegenzugehen.

Immer wieder weiß ich es zu schätzen, daß trotz Krankheit in meinem Leben, in vielerlei Hinsicht, auch Positives zu finden ist. Rückblickend erscheinen mir die letzten Perioden meines Lebens sogar fruchtbar. Ich nutze heute den Freiraum für Dinge, die ich früher nicht tun konnte. So besuche ich u. a. als ältere »Lernende« regelmäßig Vorlesungen als Gasthörer, in den Fächern Psychologie und Philosophie an der Freien Universität Berlin. Schon als junger Mensch hätte ich gern studiert, aber nach dem Krieg war es für meine Eltern nicht möglich, mir eine höhere Schulbildung zu ermöglichen; das holte ich vor meiner Erkrankung auf dem zweiten Bildungsweg nach, jedoch zunächst mit dem Ziel, einen eigenen Betrieb zu gründen. Ob ich jemals meine hochgesteckten Lebensziele erreicht hätte, kann ich nicht beantworten. Mit der Krankheit bin ich zu einer ganz anderen Entfaltung gekommen, von der ich niemals etwas ahnen konnte. Wenn man so will, hat die Krankheit mir meinen Lebensweg gezeigt.

Auf meinem neuen Weg habe ich gelernt, Maß zu halten und die Menschen, die Welt und auch das Leid mit anderen Augen zu sehen. Maßhalten ist eine Tugend, die nicht von heute auf morgen erworben werden kann, sondern lange Übung erfordert und viel Geduld und Überwindung kostet, denn nichts ist schwerer als bei allem das rechte Maß zu finden!

Das nachahmenswerte Beispiel können wir jedoch von der Natur abschauen. Betrachten wir nur einmal das Wechselspiel der Jahreszeiten: Auf den energiegeladenen Frühling folgt die hohe Zeit des Sommers, dann kommt der Herbst, die Periode der Ruhe und Besinnung. Darauf folgt der Winter, die Zeit der Regeneration, während der die Natur zu schlafen scheint.

Auch wir sollten unseren Körper nicht pausenlos auf Hochtouren laufen lassen und hin und wieder einen ruhigen Gang einlegen, das richtige Maß finden, nichts übertreiben. Wer sich daran gewöhnt hat, steht über seinen Wünschen und kann sich an vielem erfreuen, ohne es zu besitzen. Maßhalten zu können, führt zu Ruhe und innerem Frieden, macht bescheiden.

Jedem Menschen wird ein Leben gegeben, sei es ein gesundes oder krankes, ein kurzes oder langes. Aber Gott die Verantwortung dafür zu geben und alle ehrlich gemeinte Wut auf ihn zu werfen, weil gerade ich ein krankes und vielleicht kurzes Leben erhielt, rücke ich in die Nähe einer Ausrede.

Die Gaben des Lebens werden verteilt, ohne daß wir wissen, wie es dazu kommt. Es kommt entscheidend auf uns selbst an, wie gut und achtsam wir zu uns selber sind und wie wir unser Leben trotz Sturm und Niederschläge meistern. Man muß nur frühzeitig in sich hineinhorchen, um die Quellen aufspringen zu lassen. Ob irgend jemand es beachtet, ist weniger wichtig, als daß der eine zu sich selber kommt, aus sich wächst und gedeiht. Jede befreiende Entwicklung braucht jedoch Zeit. Zuvor habe ich immer wieder Rückschritte erlebt und mich vom Leiden niederdrücken lassen, aber die Art, wie ich auf die augenblicklichen Ereignisse reagiert habe, gab den Ausschlag dazu. Ich litt sehr darunter, immer mehr zu wollen, als ich fertigbringen konnte. Vielleicht haben gerade diese demütigenden Grenzerfahrungen mich reifen lassen und geduldig gemacht und auch mein geistiges und künstlerisches Schaffen geweckt und gefördert? Vielleicht waren es gerade sie, die mich zum schweren Leiden »ja« sagen ließen? »...Erst nach der schmerzlichen Zeit verstand ich, wie wichtig das Ja-Sagen zum eigenen Schicksal ist. Denn auf diese Weise ist ein Ich da, das auch dann nicht versagt, wenn Unbegreifliches geschieht. Ein Ich, das aushält, das die Wahrheit erträgt, und das der Welt und dem Schicksal gewachsen ist. Dann hat man mit einer Niederlage auch einen Sieg erlebt.« (C. G. Jung)

Die innere Einstellung zu den Folgen der Krankheit, ist ein entscheidendes Merkmal dafür, wie gut man mit ihnen leben kann. Von der eigenen Veranlagung und den Umständen hängt es ab, wie das Ich darauf reagiert. Insofern sind wir der in ihrem Verlauf nicht vorhersehbaren Krankheit MS nicht so machtlos ausgeliefert, wie es auf den ersten Blick zu sein scheint.

Die Folgen der Krankheit zu akzeptieren heißt, sich um alles in der Welt, von allem Unbill, allen durchlebten Tiefen, aber auch vom Rausch überschwenglichen Zuspruchs die Hoffnung nicht nehmen lassen. *Du kannst, denn du willst!* Natürlich gilt auch dabei, was Seneca sagte: »Der Hoffnung Begleiter ist die Furcht.« Doch gerade die Furcht kann mit dieser Einstellung so gering gehalten werden, daß anderen Hoffnung und Trost zu geben, Verstehen und Liebe zu schenken noch übrigbleibt. Weiterleben heißt für mich, mich an den kleinen Dingen erfreuen und die großen nicht aus den Augen verlieren, mich verantwortlich fühlen für alle um uns herum, helfen, wo es geht und mich selbst dabei nicht verlieren.

Vielleicht ist es das Erstrebenswerteste, die Übereinstimmung unseres Ichs mit dem, was in den kleineren und größeren Stationen unseres Lebens unaufhaltsam und beständig ist, zu erreichen. Dazu gehört die Liebe genauso wie der Abschied, die Hingabe wie der Schmerz, das Leid in gleichem Maße wie die Hoffnung, der Protest wie das Dulden und besonders auch die Freude. Und wir alle müssen uns täglich vergegenwärtigen, daß es bei Begegnungen untereinander fast immer einen kranken Menschen gibt, dem es weit schlechter ergeht als mir.

Ich kann nur hoffen und wünschen, daß von den Erfahrungen, die ich aufgeschrieben habe, etwas auf Menschen übergeht, die vielleicht zunächst über weniger Lebensmut und Hoffnung verfügen, als ich heute.

Wenn ein Mensch für sich die Diagnose Multiple Sklerose erfährt, so ist das, was er über diese Krankheit zu hören bekommt, meist sehr beängstigend. Da heißt es oft pauschal: MS gleich Zukunft im Rollstuhl. Die Reaktionen reichen dann von Nicht-glauben-Können über Entsetzen, Angst, Verzweiflung bis zur Verdrängung.

Das tiefe Erschrecken, das diese Krankheit bei den meisten Menschen auslöst, wird nicht zuletzt durch die vielen falschen Vorstellungen und Fehlinformationen über MS hervorgerufen. Multiple Sklerose kann als voll entwickeltes Erkrankungsbild auftreten. Aber auch hier gibt es in Abhängigkeit von der jeweiligen Persönlichkeit, ihrem Umfeld und zahlreichen anderen Faktoren stets die Möglichkeit der Umkehr; also der Besserung. MS-Kranke werden zwar fast immer mit mehr oder weniger gravierenden Einschränkungen leben müssen. Denn wenn durch Multiple Sklerose ein Folgeschaden entstanden ist, läßt er sich nicht so schnell und manchmal gar nicht wieder beheben. Aber – und das muß auch erwähnt werden – es gibt viele MS-Kranke, die noch oder wieder halbtags- oder sogar vollberufstätig sind; und auch solche, denen es in den Remissionszeiten und auch sonst ganz gut geht.

Es ist die Krankheit mit den vielen Gesichtern, und niemand kann vorhersagen, wie der Krankheitsverlauf beim Einzelnen sein wird. Der individuelle Zustand und der Krankheitsverlauf können aber meist, solange die Behandlung nicht bei der Krankheitsursache beginnen kann, einmal durch die eigene Willensstärke direkt beeinflußt und mit bewährten Hilfen im medizinischen, therapeutischen und psychologischen Bereich heute mehr denn je unterstützt werden. Das sind die entzündungshemmenden Cortison-Präparate während eines Schubs und in der Nachsorge vor allem physikalische Maßnahmen und Mittel gegen die Spastik, die zur Erhaltung der Bewegungsfähigkeit beitragen und Komplikationen, besonders Infektionen, verhüten helfen.

Doch für jeden Betroffenen bleibt als »Hilfe zur Selbsthilfe« die unausweichliche schwere Aufgabe, sich selbst und die bisherige Lebensweise zu verändern. Das heißt: sich mit den Krankheitssymptomen zu verbünden und sich auf die Ursachensuche zu begeben, um durch deren Aufarbeitung den weiteren Krankheitssymptomen ihre Existenzgrundlage zu entziehen, sie gegenstandslos werden zu lassen. Eine Krankheit löst sich, ohne die subjektive »Krankheitsarbeit«, keineswegs simpel in ein chemisch-physikalisches Phänomen auf. Schon Paracelsus stellte fest: »Es gibt kein Heilmittel und auch keine Heilkräfte, die man in den Körper hineinschütten könnte. Nicht Pflanze heilt, nicht ein chemisches Pulver, nicht Hitze und auch nicht Kälte. *Heilen kann nur einer!* Es ist der unfaßbare kundige Heilmeister in uns selbst. Er ist imstande, alles zu kurieren. Wenn ein Mensch krank wird, dann nur, weil der innere Heilmeister durch ein falsches Leben geschwächt und behindert wurde. Wenn ich heilen will, kann ich nichts anderes tun, als ihm zu Kräften zu verhelfen.«

Die Frage ist nun: wie kann ich meinem »Heilmeister«, wie Paracelsus unser Immunsystem nennt, zu Kräften verhelfen, wenn mit dem Körper etwas Unbegreifliches geschieht? Der Neurologe und Anthropologe Viktor von Weizsäcker spricht in diesem Zusammenhang von der »angeborenen Fähigkeit zur Selbstheilung, die in jedem Menschen ruht«. Er empfiehlt, »für die Therapie nicht nur Spritzen und Tabletten zur Hilfe zu nehmen, sondern sich noch eines weiteren Hilfsmittels zu bedienen, der Biographie des Patienten zum Beispiel«. Aus dieser Biographie (Vorgeschichte) wird es meistens gelingen, die Fragen: Was war denn da und was ist mit mir? Warum ist die Krankheit gerade jetzt aufgetreten? Warum ist die Krankheit gerade hier aufgetreten? Was will mein Körper mir sagen? zu beantworten und somit den Sinn dieser Krankheit selbst herauszubekommen.

Es ist allgemein bekannt, daß die Psyche den Körper beeinflußt und umgekehrt. So werden wir aus den Antworten erfahren und erkennen können, daß Körper und Seele eng miteinander verbunden sind und daß die körperliche Verfassung, die Gemütslage, ja sogar unsere Lebenseinstellung wesentliche und beachtliche positive oder negative Einflüsse auf unsere Widerstandsfähigkeit im Organismus hat.

So kann die Angst vor neuen Krankheitsschüben, die psychologischen Einflüsse also, den Krankheitsverlauf oder einen Schub begünstigen. In diesen Wechselwirkungen zwischen Körper und Seele kann die Angst vor einer Krankheit schlimmer sein als die Krankheit selbst. Angst, Sorgen und Probleme, ständiger Streß schwächen und lähmen geradezu das Immunsystem und somit die natürliche Selbstheilung. Umgekehrt gehören Unverzagtheit, Gelassenheit, Unbesorgtheit, kurz gesagt: positive Gefühlsregungen und Gedanken, zu den zuverlässigsten Heilfaktoren.

Gewiß sind das zunächst nur vage Hinweise, aber sie machen doch nachdenklich. Weil ich nun durch die Biographie solche Zusammenhänge von mir weiß, kann ich bzw. meine inneren Heilkräfte, natürlich nicht die Krankheit Multiple Sklerose heilen oder das Versäumte korrigieren, aber mir kann klar werden, was ich falsch gemacht haben könnte; ich erkenne nun die Schwachpunkte meiner körperlichen Eigenarten (die jeder Mensch mehr oder weniger ausgeprägt in sich hat), und ich kann lernen, mich entsprechend zu verhalten. Das ist bei dieser Krankheit nicht sehr viel – aber es ist auch nicht wenig. Es ist nämlich der Weg und die Chance zu einer tiefreichenden Wandlung, von der wir noch gar nicht wissen können, wohin sie uns führt, wenn wir ihr nur ernsthaft folgen würden.

Nichts geht natürlich von heute auf morgen, und es ist wirklich eine harte »Arbeit« mit sich selbst. Wenn wir sie aber nicht aufnehmen, werden wir die Krankheit nicht besiegen können. – Mein Mann sagte immer: »Das ist jetzt deine Arbeit« – er nannte sie »Krankheitsarbeit« – »und nicht mehr die in deiner Firma.« *Wer in der Krankheit nicht die Lektionen lernt, sich und sein Leben anzunehmen, wird sehr schwer aus ihr herausfinden.* Es gilt das gewohnte Verhalten zu überprüfen, und dabei kommt es angesichts der Wirklichkeit auf eine wache kritische und selbstkritische Grundeinstellung an.

Dieses Annehmen der Dinge, wie sie nun jetzt sind, bedeutet auch, sich in ein anderes Licht zu rücken und Möglichkeiten zu sehen, die bis dahin nicht erkennbar waren. Ein neues Verhalten, ein neues Annehmen auch der Mitmenschen, eine neue Einstellung zu ihnen, folgt der neuen Einstellung sich selbst gegenüber.

Auch die Einstellung zum Arzt muß sich ändern. Wir dürfen nicht ausschließlich Hilfe von ihm *nur* erwarten, sondern allenfalls auf einen Hinweis hoffen, wie wir uns selbst helfen können bzw. unserem inneren »Heilmeister« zu Kräften verhelfen können. Rezeptblock und Medikament sind da nicht mehr als ein Trostpflaster. *Die eigentliche Arbeit liegt bei uns – in jedem selbst!* Die Krankheit zwingt uns, aufrichtig zu sein und unsere Gewohnheiten kennenzulernen. »Wir sollten uns so verhalten: nicht als müßten wir für unseren Körper leben, sondern als könnten wir es nicht ohne ihn.« (Seneca)

Was können Sie nun als Betroffener selbst tun?

1. Versuchen Sie nicht verzweifelt und krampfhaft mit all Ihrer Kraft, sich an der Sicherheit der Vergangenheit, am eingefahrenen Gleis, an Ihren Gewohnheiten festzuhalten; stellen Sie Ihre Lebensgewohnheiten um. »Umstellen« heißt nicht: hergeben oder aufgeben, sondern: erkennen, verändern, wandeln und dazugewinnen. Es geht »so« wie bisher nicht mehr – sondern anders. Das muß jedem klar werden! *Aus dem, was ich möchte und wozu ich imstande bin, entsteht nur durch Verzicht und Veränderung die Realität.*

2. Verändern Sie Ihre früheren hartnäckigen Grundsätze und Moralvorstellungen. Üben Sie Bescheidenheit, und vergessen Sie Ihren Perfektionismus. Haben Sie Mut, sich auch einmal zu blamieren.

3. Lenken Sie Ihre Energie in eine andere Richtung, aber nicht gegen sich selbst.

4. Seien Sie nicht unnötig hart zu sich selbst. Schämen Sie sich nicht, Ihre Wut und Ihre Verzweiflung, Ihre körperlichen Einbußen und Ihre Hilflosigkeit zuzugeben. Das kann Ihnen helfen, zu sich selbst zu finden und das veränderte Le-

ben wieder in den Griff zu bekommen. Durch dieses »Loslassen-Können« wird vieles leichter. Vor allem werden Sie sich nicht mehr so allein fühlen mit den Dingen, die Sie bedrükken.

5. Nehmen Sie auf Ihre eigenen Gefühle und Bedürfnisse Rücksicht. Versuchen Sie, zu sich selber gut zu sein und sich selbst zu verstehen. Dieses Selbstvertrauen kann man nicht machen und auch nicht mit Medikamenten eingeben, aber das erforderliche Selbstvertrauen wächst, wenn wir Raum lassen, und die »Besinnung« ist der Weg zum erweiterten Innenleben. Das heißt, auch die eigene innere Ordnung zu finden, die Ausgewogenheit von Körper und Seele, die Harmonie, die in der Tiefe eines jeden Menschen liegt.

6. Halten Sie keine – längst fälligen – Tränen zurück; aber die überflüssigen sollten Sie nicht zulassen.

7. Erfüllen Sie nicht ständig die Erwartungen der anderen, hören Sie auf Ihre innere Stimme.

8. Suchen Sie sich eine sinnvolle Beschäftigung und vor allem menschlichen Kontakt, kapseln Sie sich nicht ab.

9. Versuchen Sie, diese Zeiten, in denen Sie ziellos umherirren und alles um Sie herum zu zerbrechen droht, als eine Herausforderung zu sehen, und nutzen Sie diese als Ihre Chance, die unbedingt nötige positive Einstellung zu Ihrer Lebenssituation zu finden. Das ist freilich keine leichte Sache, denn immer sind wir bis an die Wurzelung unseres Wesens herausgefordert, wenn wir eigenermaßen mit den Problemen einer Krankheit, ganz gleich welcher, umgehen und leben müssen. Mit der angepaßten Denkweise könnte aber tatsächlich ein beachtlicher Teil der Schwierigkeiten überwunden und ein neues Verständnis, ein neues Bewußtsein erreicht werden.

10. Glauben Sie an sich selbst, und wenn Sie können, auch an Gott, das kann Ihnen helfen, zu Ihrem Ziel den Weg zu finden. Wer ein Ziel hat, aber den Weg nicht kennt, kann sich immerhin durchfragen. Wer kein Ziel hat, kann nicht nach dem Weg fragen. Wenn auch Sie sich herausnehmen wollen zu leben, muß es Ihr eigener Entschluß sein, ganz ehrlich

etwas ändern und ganz anders machen zu wollen als bisher. Dann wird die Krankheit nicht mehr Ihr Leben diktieren, sondern Sie können mit der MS leben.

Praktische Ratschläge für Angehörige, Freunde und Menschen, die helfen wollen

Die Verantwortung für sein Leben »trägt« jeder für sich. Aber bei diesem »Tragen« muß und darf ich ihn nicht allein lassen, denn es hängt vieles von jenen ab, die ihm helfen werden, Mut zu fassen.

Als Angehöriger oder Freund eines an MS Erkrankten werden Sie an sich selbst erleben, wieviel Angst und Unsicherheit gerade diese Erkrankung weckt, wie sie zwangsläufig Auswirkungen auf die ganze Familie hat, wie schwer es fällt, offen über sie zu sprechen; besonders am Anfang, wenn dem Erkrankten vom Arzt die Diagnose mitgeteilt wird. Zu einem offenen Gespräch kommt es meist nicht, weil keiner dem anderen so recht zutraut, mit der Wahrheit und den Veränderungen fertigzuwerden. Das aber hat zur Folge, daß die mit der Krankheit verbundene Belastung immer unerträglicher wird. Der Kranke fühlt sich isoliert und mit seinen Problemen und Ängsten allein gelassen. Er fürchtet zum einen, in Abhängigkeit zu geraten und auf Hilfe angewiesen zu sein; zum anderen treibt ihn die Sorge um, ob die Angehörigen ihm beistehen und helfen werden. Und Sie als Verwandter oder Freund leiden unter dem Gefühl, der Situation hilflos ausgeliefert zu sein. Ein Teufelskreis beginnt.

Sicher ist es sehr schwer, die richtigen Worte und überhaupt den Mut zu finden, mit dem Kranken über seine Krankheit, die Symptome und Alltagssituationen zu sprechen. Aber tun Sie es! Sie machen es ihm dadurch leichter, sich mitzuteilen und über seine Befürchtungen und Ängste mit Ihnen zu reden. Durch Offenheit und Ehrlichkeit helfen

Sie ihm und sich selbst. Nur so kann das Gefühl entstehen, eine gemeinsame Aufgabe bewältigen zu müssen. Natürlich sind damit keineswegs alle Schwierigkeiten überwunden.

Vielleicht bedrücken Sie verschiedene Fragen – z. B.: Wie soll ich mich gegenüber dem Kranken verhalten? Wieviel Hilfe soll ich ihm geben, wieviel ihm allein überlassen? Und wie können wir mit all dem gemeinsam umgehen? – Es gibt keine Patentlösung und kein allgemein gültiges Muster, wie Sie sich oder der Kranke verhalten sollen. Jeder Mensch reagiert, besonders bei Krankheit, auf Probleme und Lebenssituationen in vielen und verschiedenen Varianten; menschliches Verhalten kann man nicht klar und bindend erklären, menschliches Verhalten, Denken und Handeln muß man versuchen zu verstehen.

Bemühen Sie sich darum, kein Mitleid zu zeigen. Durch Mitleid fühlt sich der MS-Kranke abgewertet. Aber Sie sollten auch nicht so tun, als ob gar nichts geschehen wäre und schon kurze Zeit nach einem Schub wieder volle Leistungsanforderungen an den Kranken stellen. Solche Nichtbeachtung der Krankheit kann möglicherweise als Nichtachtung der Person und mangelnde Berücksichtigung der Schwere des Krankheitsbildes aufgefaßt werden. Überlassen Sie ihm eine angemessene Aufgabe im täglichen Leben. Viele MS-Kranke erleben es als besonders belastend, daß sie nicht mehr oder noch nicht körperlich so leistungsfähig sind wie früher. Sie spüren eine Veränderung und reagieren darauf mit Niedergeschlagenheit und Mutlosigkeit, mitunter auch Schuldgefühlen. Besonders häufig kommen solche Reaktionen bei Frauen vor, die sich jahrelang für die Familie »aufgeopfert« und die eigenen Wünsche und Bedürfnisse unterdrückt haben. Sie meinen, wieder wie vorher sein zu müssen, und überfordern sich dabei. Besonders wichtig für das Befinden und die körperliche Leistungsfähigkeit des MS-Kranken ist ein ausgewogenes Maß an Ruhepausen. Er darf nie seine Ermüdungsgrenze erreichen.

Zeigen Sie dem Kranken durch Ihr Verhalten, daß Sie ihn so akzeptieren, wie er ist. Kranke Menschen brauchen mehr als andere die Bindung an Freunde und Verwandte. Deshalb ist Ihr Verständnis und Einfühlungsvermögen besonders wichtig. Überzeugen Sie ihn vor allem davon, daß er mit Ihnen über alles, was ihn bewegt, reden kann. Das sichere Gefühl, nicht allein zu sein und gemeinsam die Probleme zu bewältigen, die der Krankheit zugrunde liegen, ist die wichtigste Hilfe, die Sie als Angehöriger oder Freund geben können.

Auch Menschen, die sich etwas Größerem als ihrem eigenen kleinen Ich verpflichtet fühlen, können MS-Kranken als Gesprächspartner oder Betreuer eine ganz wichtige Hilfe sein. Natürlich ist es wichtig zu wissen, in welchem körperlichen und seelischen Zustand Sie den Hilfsbedürftigen bei Ihrem Besuch antreffen und wie seine Lebenseinstellung ist, wie er die Krankheit und sein Leben betrachtet, ob er hoffnungsvoll genug ist, die Aufarbeitung seiner Vergangenheit anzupakken, und ob er realistisch genug ist, sich den steinigen Weg vorzustellen. Voraussetzung für eine vertrauenserweckende Begegnung ist, daß Sie den Kranken als eigenständige Persönlichkeit akzeptieren und versuchen, ihn von Mensch zu Mensch zu sehen, unabhängig von seinem Krankheitsbild. Das heißt: weder die Probleme peinlich totschweigen, noch jedes Gespräch darüber vermeiden, noch soll übertriebene Rücksichtnahme seine Probleme herausstellen. Unvoreingenommenes Verhalten Ihrerseits stärkt die Sicherheit und das erforderliche Selbstbewußtsein des Kranken.

Informieren Sie sich vor dem ersten Kontakt, was es mit der Krankheit auf sich hat. Ein MS-Kranker wird zum Beispiel wegen seiner plötzlichen Kraftlosigkeit, schnelleren Ermüdbarkeit und des unsicheren Ganges irrtümlicherweise oft als Simulant hingestellt. Wesentlich ist eine dringend notwendige Auseinandersetzung des Kranken mit sich selbst, die zu einem Umbruch und zu lebensbejahender Einstellung führen soll. Zeigen Sie Verständnis, denn ein MS-Kranker muß sich mit seiner Lebenssituation arrangieren, was er verständlicherweise zunächst nicht will, weil es mühsam und unbequem ist, und daher reagiert seine Seele anders, es kommt zu einem verzweifelten Zwiespalt, und die Überwindung braucht viel Geduld und Zeit. Jede Krankheit ist im Grunde ein positives Alarmsignal, sich mit seinen Lebensumständen und sich selbst intensiv auseinanderzusetzen. Hat der Mensch dies erkannt, so kann er im Sinne der krankmachenden Ursachen seine Lebensumstände ändern und damit seinen persönlichen Umbruch einleiten.

Eine Krise mit ihren Fragen, Zweifeln, ihren Aus-dem-Gleichgewicht-Sein baut sich im Innenleben des Menschen auf. Wenn einem Schub rasch schon ein nächster folgt, haben diese Menschen überhaupt nicht die Möglichkeit, sich psychisch auf diese Krankheit ein- bzw. umzustellen. Bei allem guten Willen bleibt meist keine Zeit zur Besinnung; die Seele kann nicht mitkommen. Das macht lähmende Angst. Sie haben Angst vor der Zukunft, vorm Alleinsein. Angst, die besonders in der Nacht die unbewältigte Situation immer wieder zurückbringt und deren Schatten bis weit in den Tag hinüberreichen. Angst, die sie oft selber nicht genau definieren können, die einfach manchmal in den Betroffenen aufsteigt und überwältigend da ist. Entscheidend ist, wie jemand mit der Angst und überhaupt mit alledem fertig wird, und auch, wie er veranlagt ist. So werden Ihnen Menschen begegnen, die erstaunlich gut mit dem Schicksal MS fertig werden. Es sind die, die schon immer in ihrem Leben bewußt ein soziales Einfühlungsvermögen gelernt haben, weil sie vielleicht nie im Mittelpunkt standen oder in einer großen Familie aufwuchsen, wo sie gelernt haben, sich selbst nicht so wichtig zu nehmen.

Stand aber ein Mensch immer im Mittelpunkt des Interesses, konnte sich ein gutes oder manchmal auch ein übersteigertes Selbstwertgefühl entwickeln. Wenn dieser Mensch nun aber in eine Lebenslage kommt, wo er wenig oder nichts mehr leisten kann, nicht mehr gefragt ist und am Rande des Geschehens lebt, so wird dies anfangs sicher für ihn sehr schwer zu verkraften sein. Er muß, zur Aufrechterhaltung seines Selbstwertgefühles, bewußt lernen, sich mit der Krankheit zu identifizieren und zu verbünden. Damit verliert die Krankheit ihre Bedeutung als Bürde und Last für den Menschen. Er ist dann frei und kann alle ihm zur Verfügung stehende Energie in sich selbst investieren. Wenn dieser Mensch das nicht lernen will oder manchmal auch nicht dazu fähig ist, wird er ein aggressives Verhalten haben bis hin zu Intrigen oder Lustlosigkeit und depressiven Zustände.

Wenn Sie dann bei Ihrem Besuch noch hören müssen: »... es hat ja alles keinen Zweck, es ist sinnlos«, oder »... mich versteht sowieso keiner«, dann lassen Sie sich von der Mutlosigkeit, den Klagen und manchmal auch falschen Hoffnungen nicht anstecken bzw. mitreißen. Versuchen Sie diese Kranken leise zu beeinflussen, daß nur sie allein, ihr Mut, ihre Kraft, ihre Energie einen wie auch immer gearteten Umbruch möglich machen können.

Um leben zu können und die Widersprüche des Lebens zu bewältigen, brauchen wir alle einen »Zuschauer«, der bei einem kranken Menschen doch nicht nur »zuschaut«, sondern sie als einzelne nicht allein läßt; sie brauchen das Würdigen der Menschlichkeit und die Güte des »Nächsten«, das Verstehen. Wer verzweifelt und allein ist, braucht zuallererst die freundliche Nähe eines Mitmenschen. Dann kann er auch begreifen, daß er nicht allein ist. Seien Sie zurückhaltend mit Ratschlägen, denn unaufgeforderte Ratschläge sind für den Kranken zunächst einmal »Schläge«. Daher gehen Sie lieber behutsam vor, versuchen Sie dem Verzweifelten ein »Begleiter« zu sein – keine Lokomotive, die ihn irgendwohin zieht. *Helfen Sie dem MS-Kranken, selbst herauszufinden, was er eigentlich will, was er braucht und was er kann.* Tragen Sie dazu bei, daß der Betroffene Erfolge erlebt, z. B. beim Gärtnern – und wenn es Pflanzen im Blumentopf am Fenster sind; das kann jeder – verhelfen Sie ihm also zu kleinen Schritten, und nehmen Sie ihm zugleich, wenn es geht, größere Probleme ab; besonders wenn keine Angehörigen helfen können. Das darf aber keineswegs dazu führen, daß Sie aus falschem Mitgefühl anfangen, ihm alle Steine aus dem Weg zu räumen, ihn vor der rauhen Umwelt abzuschirmen und jeden Weg für ihn erledigen. Damit würden Sie eine

Abhängigkeit erzeugen, die den MS-Kranken unselbständig macht. Überlegen Sie mit ihm zusammen, was er schon einmal gut konnte oder was er früher immer gern tat oder was ihn jetzt interessieren könnte.

Er sollte sich an einer Kreativität erfreuen können, denn schöpferisch tätig sein, sich freuen und lachen können sind, neben der Nächstenliebe, heilsame Helfer, und sie sind manchmal die beste Medizin. Aber was das Leichteste zu sein scheint, ist oft das Schwerste. So manche Hilfe von Mensch zu Mensch könnte zu einem harmonischen Miteinander führen, so manches Gespräch könnte helfen, Wege zu finden, die herausführen aus einer quälenden oder als aussichtslos angesehenen Situation.

Wege zum Gespräch

Gemeint ist nicht das oberflächliche, allgemeine Gespräch über Banalitäten (Wetter usw.), das vielleicht für die erste Kontaktaufnahme wichtig ist. Ich meine jene Gespräche, die hilfreich für Kranke sein können, die haften bleiben, die Hinweise und vor allem Mut und Hoffnung geben. Solche Gespräche kann man nicht vorher planen, sie müssen bzw. können bestenfalls durch Ihren Anstoß, vielleicht ein passendes Wort, sich ergeben.

Voraussetzung ist, daß Sie auch eine Einstellung haben, die es erlaubt, den Kranken von vornherein und ohne Vorurteile zu akzeptieren. Es muß Ihnen klar sein: Sie können dem Kranken nicht die Krankheit abnehmen, aber Sie können helfen, daß er mit alledem besser fertig wird und vor allem zu sich findet.

Es ist wohl immer so, daß ein hilfreiches Gespräch beträchtlich davon abhängt, wie die beiden Gesprächspartner aufeinander reagieren; auch die Stimmlage spielt eine Rolle und ob sie sich mögen und eine gemeinsame Vertrauensbasis besteht oder entstehen kann. So wird es Kranke geben, bei denen werden Sie sich gern in ein Gespräch einlassen. Sie sind freundlich und reagieren auf Ihre Vorschläge meist dankbar. Da werden Sie das Gefühl haben, hier gebraucht zu werden, und gern wieder hingehen. Und es wird einige andere geben, denen Sie – auch im Gespräch – lieber aus dem Wege gehen würden, die an allem herumnörgeln, die sich von Gefühlen wie Verbitterung und Unzufriedenheit niederdrücken lassen, die aus der miserablen Situation keinen Ausweg mehr finden und zum »Herausfinden« sich selbst nicht mehr aufraffen können.

Jeder kennt bessere und weniger angenehme Gesprächspartner. Doch hier ist zu bedenken, daß diese Menschen vom Charakter her gewiß nicht immer so waren. Es sind weitgehend psychische Folgen der Krankheit, die sie im Laufe des Krankseins so werden ließen.

Wenn der Kranke spricht, ist es wichtig, daß Sie ihn nicht nur akustisch verstehen, sondern auch vernehmen, erfahren, was hinter dem Gesagten steht. Dazu gehört ein gutes Einfühlungsvermögen. Wenn Sie zu sich selber guten Kontakt haben, werden Sie auch zu anderen Menschen mit Problemen Kontakt aufnehmen können. Bemühen Sie sich, zu verstehen, auch wenn er nicht der »pflegeleichte« Kranke ist. Spüren Sie in sich selbst hinein, was seine Gedanken und Äußerungen in Ihnen für Gefühle auslösen. Die eigene Ausgewogenheit und Unerschütterlichkeit sind eine befriedigende Hilfe – die Sie ja geben wollen – erforderlich, sie wirken direkt anregend auf kranke, nicht ausbalancierte Seelenlagen. Hier hat auch das Zuhören-Können eine ganze wesentliche Bedeutung. Wer hören will, muß schweigen können. Derjenige, der in sich selber hineinhören kann, der gelernt hat, in andere vorurteilsfrei hineinzuspüren, wird ein guter Gesprächspartner und Zuhörer sein.

Das heißt nun ganz praktisch: Wenn der Kranke etwas erzählt, nehmen Sie das bitte nicht zum Anlaß, sofort Gleiches oder Ähnliches von sich oder gar noch Schlimmeres von anderen zu berichten. Das würde das Gegenteil von dem bewirken, was Sie eigentlich wollen und den Kranken unweigerlich zum Schweigen verurteilen.

Vergewissern Sie sich mit Ihren Worten, ob Sie richtig verstanden haben, also zum Beispiel: »Haben Sie damit gemeint, daß es Ihnen schwerfällt …?«

Sagen Sie Ihrem Gesprächspartner, warum Sie fragen: »Ich erlebe da einen Widerspruch: einmal sagen Sie … und zum anderen … wie meinen Sie das? Oder nehme ich das falsch wahr …?«

Stellen Sie möglichst keine Fragen, die nur mit ja oder nein beantwortet werden können, sondern eher solche, die den Gedankengang des Sprechenden fortführen: »Mich interessiert folgendes: Wie erleben Sie solche Situation …?«

Heucheln Sie kein Interesse, wenn keines vorhanden ist; sagen Sie höflich und bestimmt Ihre Meinung: »Nehmen Sie es mir bitte nicht übel, aber das finde ich weit weniger interessant als die Frage, wieso Sie …«

Nehmen Sie sich Zeit für ein (wichtiges) Gespräch, aber sagen Sie auch, wenn Sie keine Zeit mehr haben: »Ach, es ist schade, daß es schon … Uhr ist …, ich muß leider um … bei … sein.«

Wenn Sie ein ehrlicher Gesprächspartner sind, hilft es dem Kranken mehr, als wenn Sie nur zurückhaltend reagieren, und so können Sie sich selbst auch akzeptiert fühlen. Es kann Ihnen nur so gut gehen – und das gilt für beide Gesprächspartner –, wie Sie sich selber akzeptieren und wie Sie von anderen akzeptiert werden.

DMSG
DEUTSCHE MULTIPLE SKLEROSE GESELLSCHAFT
Multiple Sklerose?
Wir lassen Sie nicht alleine! Aufklären, beraten, helfen.
01805/777007
Mit freundlicher Unterstützung:
INDUSTRIEFORUM MULTIPLE SKLEROSE
*) In Baden-Württemberg AMSEL

Dr. med. Eckhard Peterson
Probleme der ärztlichen Versorgung von MS-Kranken

Multiple Sklerose – diese Erkrankung des Zentralen Nervensystems stellt Forschung, Klinik, krankengymnastische Therapie und Rehabilitation weiterhin vor eine Fülle ungelöster Probleme. Die psycho-sozialen Aspekte erfordern von uns allen psychagogisches Geschick im Umgang mit MS-Patienten, denen es oft nicht oder nur mit großen seelischen Belastungen gelingt, mit ihrem Handicap zu leben.

In welchem Umfang und wann soll der Betroffene über Art und Prognose seiner Erkrankung unterrichtet werden? Aufklärung darf nicht schematisch erfolgen, sondern ist stets im Rahmen einer individuellen Interaktion zwischen dem Kranken und uns zu sehen. Sie setzt deshalb ein gutes Verständnis und Verhältnis zum Patienten voraus und bedarf einiger Erfahrungen über Lebensgewohnheiten und Ausmaß seelischer Reaktionen des Patienten. Die Diagnose sollte stets mit überwiegender Wahrscheinlichkeit gesichert sein, bevor man den Patienten damit konfrontiert. Nur mit Einfühlungsvermögen kann es gelingen, psychische Fehlreaktionen bei der Unterweisung über »sein MS-Leiden« abzuschätzen.

Vergleiche mit negativen Verläufen können entkräftet und im Rahmen einer individuellen Symptomatik und Verlaufsvariation erklärt werden. Auf positive Ergebnisse mit schubfreiem Verlauf über zehn bis fünfzehn Jahre hinweg, ohne nennenswerte Behinderung, muß verwiesen werden.

Wenn wir so verfahren, wird es auch möglich sein, Verzweiflung, Hilflosigkeit und reaktive Depressionen gegenüber einer teilweise heute noch tabuisierten Erkrankung abzubauen und positive Impulse zu vermitteln.

Die persönliche Einstellung zu einer krankheitsbedingten Behinderung ist mit das Ergebnis von Erfahrungen im zwischenmenschlichen Umfeld – in der Familie, im gesellschaftlichen Bereich und am Arbeitsplatz. Unterschiedlich sind Äußerungen von Behinderten über die Kontaktfreudigkeit zu

Menschen mit gleichen Funktionseinbußen und Problemen, einige benötigen den helfenden Rat, die Erfahrung sowie Aufmunterung. Für andere ergibt sich eine psychische Barriere. Dies führt nicht selten dazu, daß Fachzentren wie MS-bzw. Parkinsonkliniken, wo der Patient alle möglichen Verlaufsformen sieht, abgelehnt und gemieden werden.

Mangelnde Aufklärung über Belastbarkeit und über die Prognose von MS-Kranken ist eine Ursache der Furcht vieler Patienten vor einer »unheilbaren Erkrankung« mit allen sich daraus ergebenden seelischen Nöten. Unverständnis im zwischenmenschlichen Bereich, Einengung der persönlichen, beruflichen, kulturellen und gesellschaftlichen Mobilität können zu depressiven Reaktionen mit Gedanken von Ausweglosigkeit, Vereinsamung und Suicid führen. In dieser Phase aber könnte der Rat des Mitkranken, der bereits mit ähnlichen Problemen fertiggeworden ist, von großer Hilfe sein.

Funktionsanamnese und Befund

Vor Beginn der zeitlich auf meist drei bis fünf Wochen befristeten Therapie in der Klinik stehen Gespräch, Eingangsuntersuchung und Überlegungen zur Ausgestaltung der hier bevorstehenden Therapie. Individuelle krankengymnastische Einzelbehandlung, wie wir diese in Bad Wildbad durchführen, verlangt einen möglichst vollständigen, korrekten Funktionsbefund und einen gezielten Therapievorschlag an den Therapeuten. Daneben erfolgen Verlaufsgespräche mit dem Patienten und Therapeuten über den Erfolg der momentanen Behandlung. Dies soll uns helfen, unrealistische therapeutische Zielvorstellungen zu korrigieren.

Routinemäßig sehen wir Ärzte, bei regulärem Verlauf, unsere Patienten während der intensiven Behandlung einmal wöchentlich. Vom Patienten lasse ich mir berichten, was er selbst erledigen kann, wie sein Tagesablauf erfolgt und auf welche Hilfen er dabei angewiesen ist.

Der intensive Kontakt zwischen Arzt und Krankengymnasten ist ein wesentliches Kriterium unserer guten Therapieerfolge, da wir versuchen, die Probleme des Patienten gemeinsam zu analysieren, um individueller behandeln zu können.

Die Eingangsuntersuchung nach funktionellen Gesichtspunkten hat zu einer Typeneinteilung geführt, die uns therapeutisch wichtig erschien:

- überwiegend spastischer Typ
- überwiegend ataktischer Typ
- überwiegend adynamischer Typ

Spastizität ist nach SHERRINGTON eine Enthemmung posturaler Reflexmechanismen mit Tonuserhöhung und abnormalen Haltungsmustern. Verstärkte Kokontraktion von Synergisten und Antagonisten führt zu einer proximalen Fixation mit Bewegungseinbuße, einer abnormalen Koordination, Einschränkung der feinabgestimmten Anpassungsfähigkeit an sensorische Impulse mit Beeinträchtigung der feinmotorischen Geschicklichkeit.

Motorik ist eine Leistung, die sich aus statischer und dynamischer Arbeit gegen die Schwerkraft versteht. Wir reden von Sensomotorik, da über spezifische Rezeptoren und Regelkreise Haltung und Bewegung stimuliert werden.

Voraussetzung für eine harmonisch angepaßte Haltung und Bewegung sind intakte Funktionskreise auf segmentaler, multisegmentaler und supraspinaler Ebene. Jede differenzierte Bewegung setzt einen *normalen Haltungstonus*, eine *normale reziproke Innervation* und die *Integration* sowie *Koordination* von Haltung und Bewegung voraus.

Bei allen Anforderungen an den Patienten darf die sich ändernde Intensität der Spastik, die während eines Tages um 25 % schwanken kann, nicht unberücksichtigt bleiben. Sie ist Folge des wechselnden Einstroms von Stimulationen über Extero- und Propriozeptoren, sowie kortikaler und psychischer Einflüsse.

Der *ataktische Typ* ist geprägt durch eine meist hypo- bis normotone Muskelspannung, einen unsteten Tonus sowie eine gestörte reziproke Innervation zwischen Beugern, Strekkern, beiden Körperseiten, den oberen und unteren Extremitäten. Nehmen Sie das Beispiel der Intensionsataxie beim Finger-Nase-Versuch, wobei es im Wechsel durch überschließende reziproke Innervation bzw. Hemmung in Armbeugern und -streckern zu der typischen, abgehackten Bewegungskurve kommt.

Überwiegend *adynamische Formen* mit Haltungs- und Bewegungseinbußen erfordern ein Training der physiologischen Stell- und Gleichgewichtsreaktionen, Rumpf-Kopf-Kontrolle sowie der automatischen Mechanismen der Haltung und Haltungsbewahrung. Haltung ist eine motorische Leistung gegen die Schwerkraft.

Therapieziele sind demnach Normalisierung des Muskeltonus, der Koordination sowie der reziproken Innervation und Integration von Haltung und Bewegung.

Dies geschieht über ein sensorisches Perzeptionstraining, wobei Ein- und Ausstrom der Impulse in jeder Etage des zentralen Nervensystems integriert und kodifiziert werden können. *Eine permanente Läsion eines unserer Funktionskreise bedeutet somit aber, daß wir in der Therapie keine Normalbewegungen fordern können (Spastik, Ataxie, Parese bleiben ein quantitatives Problem), sondern eine quantitative Verbesserung anstreben müssen.* Falsch wäre deshalb auch eine dogmatische Behandlungsfolge, weil sie unphysiologisch ist.

Vor Beginn der Behandlung müssen die funktionellen Einschränkungen erfaßt und beachtet werden, denn allein davon ist der Aufbau einer individuellen Therapie abhängig, mit dem Ziel, die Selbständigkeit des Patienten zu verbessern.

Therapieziele

1. *Vorwiegend spastischer Typ* – Normalisierung von Tonus und Beweglichkeit, Lösung von Kontrakturen, eventuell Perzeptionsschulung zur Stabilisierung von Haltung und Gleichgewicht gegen die Schwerkraft.

2. *Vorwiegend ataktischer Typ* – Koordinations-Gleichge-

wichtstraining durch Bewegungsimpulse wechselnder Intensität, unregelmäßiger und ungerichteter Einwirkungsfolge. Verbesserung der Rumpfkontrolle unter Integration der Bewegung.

3. adynamischer Typ – Schulung und Tonisierung der Haltemuskulatur, Stabilisierung physiologischer Stell- und Haltereaktionen gegen die Schwerkraft. Je nach Dominanz der Symptome bleibt das Ziel unserer Therapie: Tonusregulierung, Koordinations- und Gleichgewichtsschulung, Gangschulung, Verbesserung der aktiven Körperkontrolle gegen die Schwerkraft.

In den vergangenen zwanzig Jahren wurden neuere Behandlungsformen entwickelt, die auf neurophysiologischen Prinzipien beruhen, wobei auf Namen wie KABAT, KNOTT, BOBATH und BRUNKOW verwiesen sei.

Aus diesen therapeutischen Forderungen wird ersichtlich, weshalb wir neurophysiologische Behandlungstechniken bei der Wassertherapie nicht effektiv einsetzen können. Bei fehlender Schwerkraft, fehlenden Fixpunkten sind Bahnung und Hemmung durch gezielte und kontrollierte Widerstände nicht zu vermitteln. Schwimmen als allgemeines Körpertraining bei Wassertemperaturen von 26–30 Grad Celsius kann empfohlen werden.

Mit einer wahrscheinlichen Häufigkeit haben wir die Beobachtung gemacht, daß MS-Patienten bei Wassertemperaturen über 30 Grad zunächst eine subjektive Entspannung, also Lösung der Spastik empfinden können, im weiteren Tagesverlauf aber häufiger mit einer Leistungseinbuße (Schlappheit, Müdigkeit) und sogar Zunahme der Spastizität reagieren. Nicht auszuschließen sind außerdem bei progredienter oder wechselnder Symptomatologie schubhafte Verschlechterungen durch eine Überwärmungstherapie, sei es nun mit Akratothermen 30–34 Grad, Sauna, Pelloiden oder intensiver Sonneneinstrahlung. Gegenüber dieser therapeutischen Erfahrung ergeben sich mitunter Verständigungsschwierigkeiten mit einigen Patienten, die zu Hause bereits auf eine Wasserbehandlung programmiert worden sind.

Spastizität ist eine Enthemmung des Gammasystems als Folge der Beeinträchtigung höherer inhibitorischer Kontrollen.

Spastik als ein muskuläres Phänomen prägt die Grundlage der orthopädisch ausgerichteten Behandlung, die darauf abzielt, entweder Streckreflexe zu vermeiden oder diese durch Verwendung von Schienen und anderen Hilfsmitteln zu erschöpfen. Eistherapie hat sich zur Minderung spastischer Zustände und Bewegungsschmerzen erfolgreich bewährt und bereits durchgesetzt.

Hilfsmittel ganz anderer Art – etwa die Verwendung von Stöcken, Unterarmstützen, Rollator, Gehwagen, Innenschuhen bei Fußheberschwäche mit schlafferem Tonus – können sehr hilfreich sein. Auch hier bedarf es zunächst einmal der Überzeugung des Behinderten, um sinnvolle Hilfen anzunehmen, denn primär kommt er zu uns in der Annahme, mit einer dauerhaften Verbesserung des Handicaps und seiner Leistungsfähigkeit nach Hause zu fahren. Der Patient muß davon überzeugt werden, daß er etwa bei einer hochgradigen Ataxie durch die Benutzung von Handstöcken, gewissermaßen als Orientierungshilfe, ein kontrolliertes, harmonischeres Gehen erreicht. Dies bedeutet für ihn eine längere Gehstrecke, da er keine Kraft, mit der Anstrengung die Richtung zu halten, verliert. Stützhilfen ermöglichen ein leichteres Finden von Haltung, Balance und Richtung.

Dies ist ein eminent wichtiger Gesichtspunkt unserer Therapie bei MS-Patienten. Wir müssen stets berücksichtigen, daß der MS-Patient eine begrenzte *Leistungsfähigkeit* besitzt!

Charakteristisch für ihn ist ein Mangel an Ausdauer, eine vorzeitige Ermüdbarkeit, abhängig von den neurologischen Ausfällen. Daraus resultieren Einbuße an allgemeiner Mobilität, Einengung des Aktionsradius und seiner Fähigkeit, bestimmte Leistungen pro Zeiteinheit zu erbringen. Dies müssen wir dem Patienten sagen, der etwa durch starken Gesundungswillen ein unnötiges Krafteigentraining durchführt, weil er von falschen physiologischen Überlegungen seiner Leistungsfähigkeit ausgeht. Er muß Pausen einlegen, um wieder Kraft zu schöpfen, die zu weiterer Fortbewegung oder zum Abschluß der begonnenen Tätigkeit benötigt wird. Das Beispiel der gebrauchten Taschenlampenbatterie ist allen geläufig, bei längerem Anschalten geht die Lichtstärke enorm zurück bis zum Erlöschen, mehrmaliges kurzes Einschalten hingegen verlängert die Betriebsbereitschaft und erhöht die Lichtintensität.

Der Therapeut soll darauf achten, daß keine Dauerleistungen, etwa mit dem Ziel, den bezeichneten Konditionsmangel zu überwinden, abgefordert werden, sondern ein neuro-physiologisches *Intervalltraining* durchgeführt wird. Dabei ist die zeitliche Belastbarkeit in der Therapie individuell zu erproben. Die Entscheidung, ob Sie eine Stunde oder drei mal zwanzig Minuten täglich arbeiten, liegt in Ihrer Hand.

Einige Patienten haben die Erfahrung der begrenzten Ausdauer und Belastbarkeit inzwischen selbst gemacht: ein Patient hat seine Leistungsgrenze mit der Stoppuhr bestimmt, um rechtzeitig die für ihn notwendigen und sinnvollen Pausen einzuschalten.

Was darf sich der Patient zumuten, was können wir ihm erlauben? Sie wissen, wie schwierig es oft ist, hier einen praktikablen Vorschlag zu geben. Ich gehe zunächst einmal davon aus, ihm seine Lebensgewohnheiten zu belassen mit der Auflage, rechtzeitig Ruhepausen einzulegen. Praktikabel erscheint mir der Rat, daß er sich nur so weit verausgaben könne, daß er nach Ende einer Betätigung nicht mehr als eine anderthalbstündige Erholungspause benötigt, um seine Ausgangsleistung wie vor Beginn dieser Tätigkeit wieder zu erlangen.

Gehen wir von dem physiologischen Konzept der Intervall-Belastbarkeit, begrenzten Ausdauer, den notwendigen Ruhepausen aus, dann wird auch verständlich, daß der Krankengymnast ein alltagstaugliches Gebrauchstraining vermitteln sollte, und nicht etwa ziellos monotone, kraftnehmende Übungen, z.B. an Hanteln und Heimtrainern, abverlangen darf. Wir müssen Gebrauchsfunktionen fördern, stabilisieren, den Behinderten zu einer Gymnastik anhalten, die ihm seinen Tagesablauf erleichtert. Es sollen deshalb auch besser ergotherapeutische Hilfen, etwa Modellieren, Handarbeit mit gestalterischer Entfaltung zur feinmotorischen Bewegungsschulung eingesetzt werden, als etwa ein Einzeltraining von bestimmten Muskeln. Motorische Geschicklichkeit, Haltung und Koordination werden durch gestalterische Betätigungen, die dem Patienten Spaß machen können und zu einem positiven Ergebnis führen, sicherlich leichter erreicht. Der Patient kann so viel wie möglich selber machen. Dabei werden wir ihm Funktionshilfen und Ersatztechniken anbieten, die es ihm erleichtern, selbständig zu werden und zu bleiben. Diese physiologisch-therapeutischen Überlegungen führen, übertragen auf das Berufsleben der MS-Patienten, zu der Folgerung, ihnen im weitesten Sinne eine gleitende Arbeitszeit zu ermöglichen. Sie sollten in der Lage sein, ihren Tages- und Tätigkeitsablauf der momentanen Leistungsbereitschaft anpassen zu können.

Wir versuchen in Gesprächen mit dem Patienten, der am Kurort einmal frei von beruflichen und häuslichen Verpflichtungen ist, zu überlegen, welche Hilfen wir ihm noch für seinen Tagesablauf geben können; z.B. Hinweise für rollstuhlgeeignete Wohnraumgestaltung, Anbringen von Halterungen in Bad und Toilette, geeignete Treppengeländer, Beratungen bei der Auswahl von Sitzmöbeln oder bei der Anschaffung geeigneter Bewegungshilfen bis hin zum Einbau von Bedienungserleichterungen am eigenen Pkw.

Zwangsläufig ergeben sich hier viele Fragen. Kann ein noch mit Hilfen (Stützen, Rollator, Gehwagen) gehfähiger Patient bereits einen Rollstuhl erhalten? Diese Frage würde ich bei einem Berufstätigen, einem Studenten oder Schüler bejahen, wenn er größere Distanzen zu überbrücken hat, aber am Zielort noch gehen muß und Leistungsfähigkeit benötigt.

Die hier in der Klinik erfreulicherweise vorhandene enge Zusammenarbeit zwischen Krankengymnasten und Ärzten ermöglicht eine sehr gezielte Beratung der Patienten, etwa bei der Versorgung mit Hilfen oder Rollstuhl. Es sollte deshalb nicht mehr vorkommen, daß etwa ein überwiegend hemiparetischer Patient einen zu schweren Rollstuhl für Beidhänder erhält oder ein anderer mit unnötigen orthopädischen Hilfsmitteln bzw. vorzeitigen Korrekturoperationen konfrontiert wird.

Eine vom behandelnden Arzt bereits am Heimatort begonnene medikamentöse Begleittherapie etwa mit Muskelrelaxantinen, B-Vitaminen, Cortison-Derivaten oder Immun-Suppressiva wird in der Klinik unter ärztlicher Kontrolle konsequent fortgesetzt. Antispastika bleiben bekanntlich dort ein Problem, wo eine ausgesprochene Asymmetrie von Spastizität vorliegt. Desgleichen wird man eine bereits bestehende Spezialdiät, welcher Art auch immer, schon aus psychologischen Überlegungen hier nicht umstellen.

Über die Möglichkeiten des therapeutischen Reitens in der Behandlung von MS-Kranken wurde ausführlich berichtet. Die *Hippotherapie*, die wir mit gutem Erfolg einsetzen, sehen wir als eine *Ergänzungstherapie zur laufenden krankengymnastischen Behandlung* an. Durch Hippotherapie können Bewegungsimpulse mit wechselnden Tempi und Bewegungsrichtungen durch das Pferd vermittelt werden. Damit werden Gleichgewichts-, Stell- und Haltungsreaktionen gefordert, eine Normalisierung des Muskeltonus angestrebt, was etwa durch Lösung von Adduktorenspastizität zu leichterem Gehen und Stehen führen wird. Auch hier bleibt die für die neurophysiologische Therapie notwendige Einwirkung der Schwerkraft erhalten. Im Sitzen werden Koordination, Rumpfkontrolle und Gleichgewicht geschult. Außerdem können, falls es erforderlich ist, die Mobilisierung und Rotation der meist fixierten Wirbelsäule gerade bei spastischer Tonuserhöhung erheblich gefördert werden.

Die therapeutische Forderung bleibt Intervallbelastung, Intervalltherapie – keine Langzeit- und Dauerleistung. *Der MS-Patient und Behinderte soll seinen Lebensrhythmus an das Handicap und nicht das Handicap an den gewünschten Lebensrhythmus anpassen.* Durch angepaßte Lebensweise, Berücksichtigung seiner Ermüdbarkeit und individuelle Ausdauer gewinnt er Selbständigkeit und Lebensqualität.

Therapeuten und Ärzte sind aufgefordert, nach Wegen zu sehen, die den Behinderten eine Möglichkeit geben, leichter zurecht zu kommen. Dies kann konkret bedeuten, daß wir Lagerungs- und Sitzhilfen anbieten, etwa um orthostatische Rückflußstauungen und Dekubiti vermeiden zu helfen; daß wir darauf hinweisen, daß Hotelzimmer rollstuhlgeeignete Türbreiten, Zimmer von Schwerbehinderten eigene Naßzellen mit Toilette haben, daß Duschen besser sein können als die üblichen Wannen, die ein Behinderter ohne Fremdhilfe oft nicht benutzen kann. Schwimmbäder sollten mit Treppen bzw. Hebevorrichtungen sowie rutschfreien Wegen zum Becken versehen sein und vieles mehr.

Außerdem scheint es wichtig, daß Gehwege, Zugänge zum Kurpark mit rollstuhlgeeigneten schrägen Ebenen oder mit Treppen, die ein beidseitiges Geländer haben, versehen werden, um auch dem schwerer Behinderten zugänglich zu sein.

Therapeuten und Ärzte sollten immer wieder, auch gegen bekannte Widerstände, Anregungen und Überlegungen zur behindertengerechten Verbesserung von Fußgängerzonen, Unterführungen, Kreuzungen, Zugängen zu öffentlichen Toiletten, Bahnhöfen, Bahnsteigen, Verkehrsmitteln, öffentlichen Gebäuden, Erholungs- und Kulturzentren abgeben.

Erst wenn wir die therapeutisch gestellten Ziele und Gesichtspunkte auch im Alltag der Betroffenen beachten und der Patient seine Alltagshilfen sinnvoll einzusetzen vermag, werden wir zu einer echten Integration der Behinderten kommen.

Neben den Bemühungen und Hilfsmöglichkeiten der Deutschen MS-Gesellschaft haben MS-Patienten überall in der Bundesrepublik Kontaktgruppen und Selbsthilfe-Organisationen gebildet mit der Absicht, Probleme Behinderter transparenter zu machen, um somit eine natürliche Integration in unsere Gesellschaft zu erreichen.

Wir befinden uns im Irrtum, wenn wir meinen, daß eine breite soziale Absicherung der Behinderten allein genügt, wenn wir nicht erkennen, daß wir auch situationsgemäße Berufschancen und Entfaltungsmöglichkeiten verfügbar halten müssen. Unsere Mitverantwortung gegenüber den angesprochenen Problemen erfordert von allen Beteiligten noch mehr Gemeinsamkeit, gegenseitige Information und Toleranz.

Zusammenfassung

Die moderne Krankengymnastik mit neurophysiologischen Behandlungstechniken prägt heute die MS-Therapie. Die therapeutischen Möglichkeiten orientieren sich an einem Funktionsbefund. Das Behandlungsprinzip besteht in einer individuellen Intervallbelastung, da die neurophysiologischen Voraussetzungen Dauerleistungen nicht ermöglichen.

Abschließend werden Ergänzungstherapien, Hilfsmittel und Behindertenprobleme angesprochen.

Frauke Biewald, Leitende Krankengymnastin im Klinikum Berlin-Steglitz

Krankengymnastische Behandlung des MS-Patienten

Wir sehen Patienten mit den unterschiedlichsten Erkrankungsformen und Verläufen, entsprechend soll für jeden Patienten eine individuelle Therapie erfolgen, die sich nach seinen Problemen richtet.

Der Patient kommt häufig mit einer erheblichen Erwartung zu uns. Er versucht mehr oder weniger gut mit seiner Behinderung im Alltag zurechtzukommen, häufig ist er sogar berufstätig oder muß doch zumindest teilweise sich und seinen Haushalt versorgen.

Nun hat er einmal die Möglichkeit, etwas für sich zu tun und setzt deshalb recht große Hoffnung und Erwartung in diese Zeit. Unsere Aufgabe u. a. ist es auch, seine Ziele in erreichbare Etappen und dadurch auch in Erfolgserlebnisse umzusetzen. Ein kleiner sichtbarer Erfolg bedeutet häufig schon sehr viel. Vielleicht kann ich durch eine positive Erfahrung die Motivation des Patienten gewinnen, z. B. wenn er ein wenig leichter aufstehen kann oder eine Gehstrecke mit weniger Mühe bewältigt. Um dieses aber auch objektiv als Krankengymnast beurteilen zu können, gehört als Grundlage der Therapie ein Befund dazu. Möglichst schriftlich, da eine Veränderung einzelner Phasen sonst kaum erfaßbar ist. Zum Teil filmen wir zu Beginn und Abschluß eines Aufenthaltes den Patienten und haben damit eine recht objektive Aussage und Dokumentation.

Wir haben die Erfahrung gemacht, daß ein Befund funktionell sein muß und über die alltäglichen Bewegungsabläufe des Patienten Auskunft geben soll. Ich beobachte also, wie der Patient kommt, wie er steht, wie er geht, ob er sich hinsetzen kann, wie er überhaupt auf Lagewechsel reagiert. Wie sind seine Gleichgewichtsreaktionen bei wechselnder Bewegungsgeschwindigkeit? Aus diesen Beobachtungen kann ich mir häufig schon ein recht gutes Bild machen. Man sollte sich davor hüten, den Patienten sofort auf die Bank zu legen und seine Einzelbewegungen zu testen. Auch im Stehen, Liegen überprüfe ich zunächst, warum gewisse Bewegungsabläufe nicht oder nur unvollständig auszuführen sind. Ich überprüfe, ob die Bewegung durch Hypertonus behindert ist oder durch Gleichgewichtsprobleme. Ich versuche, die Bewegung für ihn zu machen und fühle, was dabei passiert. Die hierbei gefundenen Probleme werden dann im Liegen unter Abnahme der Eigenschwere, d. h. im Ruhetonus geprüft. Dabei ist es wichtig, daß alle Prüfungen und Übungsabläufe in funktioneller Hinsicht dem Gehen, Stehen, Drehen usw. soweit als möglich entsprechen, d. h., ich kann im Liegen z. B. sehr gut Stand- als auch Spielbeinphasen üben. Da der Patient jetzt keine Gleichgewichtsprobleme hat, kann er sich vielleicht selektiv bewegen. Gelenkbeweglichkeit, evtl. Kontrakturen sowie die Sensibilität werden ebenfalls im Liegen getestet.

Tonus, Koordination und Gleichgewichtsprobleme, allgemeine Leistungsfähigkeit und Belastbarkeit müssen abgeschätzt werden und bilden die Grundlage für unser Behandlungsziel. Es gibt bei uns kein festgelegtes Behandlungsschema oder Übungsprogramm, die Behandlung richtet sich nach dem jeweiligen individuellen Befund. Es geht letztendlich darum, das Hauptproblem zu erfassen und entsprechend gezielt zu behandeln. Selbstverständlich muß ich auch die subjektiven Beschwerden des Patienten aufnehmen, denn für diese Probleme erwartet er eine Hilfe. Dazu gehört auch, wie er im Alltag zurechtkommt, ob er Hilfsmittel benutzt, wie er mit diesen umgeht, bei welchen alltäglichen Dingen er selbständig ist, wobei er es nicht ist und warum er dies nicht ist. Darum ist es notwendig, mit ihm gemeinsam einen ökonomischen Tagesplan zu erarbeiten. Wir möchten, daß der Patient ein Übungsprogramm zur Hand hat, mit dem er sich selbst helfen kann, wenn er steif und spastisch ist. Dazu gehört, daß er seine Tonusverhältnisse selbst spüren und einschätzen lernt. Der Patient muß schon deshalb ökonomisch mit seiner Kraft umgehen, da die Hilfe der Angehörigen auf Dauer nicht gewährleistet ist und ungeschulte Hilfspersonen oft nicht wissen, wie sie am besten behilflich sein können. Schon um einen gewissen Leistungsstand zu halten, sollte unser Patient ein individuelles Trainingsprogramm haben, selbstverständlich der MS angemessen. Wir stellen eine Übungsfolge zusammen, die dem momentanen Grad der Behinderung entspricht. Dieses individuelle Programm wird so lange mit ihm ausprobiert, bis er damit allein zurechtkommt. Der Patient kommt häufig gegen die Schwerkraft aus Rückenlage nicht hoch. Wenn er sich auf die Seite dreht, die Beugung vom Kopf einleitet, der Rumpf folgt, dann lassen sich Hüften und Knie leichter beugen. Oft ist es ihm angenehm, sich die Knie festzuhalten und mit rundem Rücken von einer Seite auf die andere zu rollen, um aus der Strecktendenz der Beine herauszukommen. Oft wird auch die Dreh-Dehnlage mit maximaler Rotation im Rumpf als sehr angenehm empfunden. Nach dieser Vormobilisation des Rumpfes ist das Aufsetzen an der Bettkante über die Seitlage oft leichter möglich. Die häufig durch Spastizität beeinträchtigte Rumpfrotation läßt sich im Sitzen gut vorarbeiten, wenn der Patient z. B. soweit wie möglich mit den Händen an der Bettkante entlanggeht. Dabei müssen allerdings die Füße gut aufgestellt sein. Aufstehen kann er nun über die Rotation mit aufgestützten Händen auf dem Bett oder symmetrisch mit beidseits aufgestützten Händen an der Bettkante und am eigenen Körper.

Die dem Patienten angepaßten Hilfsmittel sollten auch direkt nach dem Aufstehen angewandt werden, um seine Kraft zu erhalten, z. B. Schienen, Stöcke, Rollator usw.

Unter diesem Gesichtspunkt sollte er auch sein Tagesprogramm durchführen, z. B. kann er sich ebensogut im Sitzen waschen und duschen, um seine Kraft fürs Gehen zu bewahren. Für die Dusche empfehlen wir gern einen Duschstuhl. Wir lassen uns den Tagesablauf des Patienten erzählen und erarbeiten gemeinsam mit ihm sinnvolle Intervalle unter Einsatz der entsprechend notwendigen Hilfsmittel. Es geht um Organisation und Ökonomisierung des täglichen Lebens. Welche Hilfsmittel notwendig sind, ergibt sich meist erst im Verlauf der Behandlung. Wir versuchen so wenig wie möglich, aber so viel wie nötig, um den Alltag des Patienten zu erleichtern.

Die Versorgung mit Hilfsmitteln wie Rollator und Rollstuhl ist häufig auch von der häuslichen Situation abhängig. Immer wieder berichten Patienten, daß sie nur auf allen Vieren zu Hause vorwärtskämen, da sie z. B. Stufen in ihrer Wohnung haben oder die Türen zu eng sind, um einen Rollstuhl benutzen zu können. Nach meiner Meinung muß man auf jeden Fall diese Mobilität belassen, wenn sich nicht grundlegend eine andere Möglichkeit finden läßt. Kostenaufwendige Hilfsmittel probieren wir mit den Patienten aus, bevor sie verordnet werden, z. B. wickeln wir einen Fuß hoch und beobachten die Reaktion, bevor wir einen Innenschuh empfehlen.

Über endgültige Gehhilfen sollte auch erst kurz vor Schluß der Behandlungszeit entschieden werden, da sich die Situation im Verlauf der Therapie verändern kann. Selbstverständlich muß der Patient aber noch ausreichend Zeit haben, um in der Therapie mit seinen Hilfsmitteln umgehen zu lernen.

Es ist sicherlich nicht möglich, den vollständigen Status eines Patienten an einem Tag zu erfassen. Wir wissen, daß wir oft ein stark wechselndes Bild sehen, was sich oft vom Morgen bis zum Abend ändern kann. Wenn der Patient in die Rehabilitation kommt, können wir nicht eine spontane Remission in unserer Behandlung erwarten. Man muß davon ausgehen, daß Veränderungen am ZNS vorliegen, die die Grundlage für sein Handicap bilden und es daher nur bedingt zu einer objektiven Verbesserung kommen kann. Sicherlich erleben wir einen gewissen Erholungseffekt, und der Patient ist in dieser Situation auch belastbarer. Die verbliebenen Möglichkeiten sollten nicht im Sinne einer krankengymnastischen Übungstherapie, sondern alltagstauglich verwendet werden. Dies bringt uns auf ein weiteres Problem. Ganz entscheidend ist sicherlich für unsere Behandlungsplanung die oft sehr geringe Belastbarkeit. Häufig merkt der Patient dies nicht gleich in der Behandlung, sondern einige Zeit später. Ich muß davon ausgehen, daß der Patient im allgemeinen Sinne nicht trainierbar ist, er muß im Gegenteil lernen, vorhandene Kraft ökonomisch auszunutzen. Mit anderen Worten, ich sollte ihm durch meine Behandlung Möglichkeiten zeigen, mit sich und seiner Behinderung leichter umzugehen.

Wenden wir uns einmal dem schwerbehinderten Rollstuhlpatienten zu. Für ihn steht neben der Erhaltung seiner vorhandenen Selbständigkeit die Kontraktur- und Dekubitusprophylaxe im Vordergrund. Da sich kein Verlauf absehen läßt, ist Einsicht und Mitarbeit des Betroffenen wichtig, d. h., er muß von Anfang an lernen, selbst auf die kritischen Punkte, wie Hüften, Knie und Füße zu achten. Man sollte gemeinsam mit ihm einen Lagerungsplan ausarbeiten. Spastische Muster in Beugung und Streckung sollen dissoziiert werden, z. B. in reziproker Lagerung auf die rechte und linke Seite. Die jeweils unten liegende Hüfte muß gut gestreckt sein.

Grundsätzlich muß eine Lagerung häufig gewechselt werden. Erst dadurch erreiche ich eine Verbesserung der Mobilität und Dehnung der pathologisch angenäherten Muskulatur. Wenn möglich, sollte auch die Bauchlage oder Rückenlage mit gebeugten Knien zur Erhaltung der Hüftgelenkstreckung einbezogen werden. Lagerungen können gleichzeitig der Thrombose- und Pneumonieprophylaxe sowie zur Verhütung von Gelenkeinschränkungen und Dekubitus dienen.

In der krankengymnastischen Behandlung arbeiten wir mit den schon kontrakten Gelenken und versuchen die bestmögliche Mobilität wieder zu erreichen. Sehr bewährt hat sich hier die Eistherapie. Außerordentlich wichtig ist auch für schwerbehinderte Patienten das Stehen. Durch Einwirkung des Körpergewichtes auf die Gelenke kann ich Kontrakturen zum Teil verhüten oder zumindest verbessern. Mit Hilfe des Stehtisches kann ich den Patienten außerdem langsam an diese Kreislaufbelastung gewöhnen.

In unserer Behandlung müssen wir dem kranken, behinderten Menschen die Möglichkeit geben, einen aktiven, individuell abgemessenen Lernprozeß durchzuleben. Die ihm verlorene Bewegung muß er wieder erlernen, d. h. sie sich über das Bewußtsein wieder zu eigen machen.

Das Krankheitsbild der MS zeigt die verschiedensten Formen einer Bewegungsbehinderung. Der mehr spastische Patient zeigt häufig ein wechselndes Bild von Hypo- und Hypertonus. Um eine Ökonomisierung der Alltagsbewegungen zu erreichen, ist die Grundvoraussetzung Tonusregulation durch Einleiten normaler Bewegungsabläufe. Unter Beachtung der Symmetrie und Rotation werden Stell- und Gleichgewichtsreaktionen ausgelöst und gebahnt. Mit Hilfe dieser automatischen Bewegungsabläufe kommt es zu einer Tonusregulation. Gewichtsübernahme auf eine Seite läßt normale Aufrichte- und Stellreaktionen erwarten. Erst so ist die Fortbewegung möglich, wenn ein Bein zum Stand- und ein Bein zum Spielbein geworden ist. Der Patient muß lernen, sein Gewicht völlig über ein Bein zu bringen und das andere frei durchschwingen zu können. Angst und Spastizität verstärken zusätzlich die Gleichgewichtsstörungen, daher vermeidet es der Patient möglichst, sich aus seiner vertikalen Längsachse zu bewegen, um nicht durch Tonusverlust oder plötzlich einschießende Spastizität und unkontrollierte Bewegungen aus dem Gleichgewicht gebracht zu werden. Erst wenn er lernt, daß langsame gezielte Bewegungsabläufe diese plötzlichen Tonusveränderungen weitgehend unter Kontrolle halten, wird er auch wieder zu einer weiträumigeren Bewegung kommen.

Während seines Aufenthaltes erfolgt eine den Möglichkeiten entsprechende intensive Behandlung, jedoch werden auch während der Therapie Bewegungsabläufe geübt, die der Patient ohne unsere Hilfe ausführen kann. Dadurch soll er in der Lage sein, seine Spastizität auch im Alltag bestmöglich zu beherrschen und nicht nur in einer halben Stunde Therapie. Diese über das Bewußtsein zu bahnenden Bewegungsabläufe bedürfen innerhalb des Tages häufiger Erinnerung und Kontrolle, denn Spastizität gibt ein bestimmtes Muster vor, dem der Patient sich bewußt entgegensetzen muß. Wenn es möglich ist, weisen wir die Angehörigen in den Tagesplan des Behinderten ein. Das Verständnis der Familie wäre eine große Hilfe für den Betroffenen. Vor allem sollte auch das Zuviel-

Helfen-Wollen abgebaut werden. Der Behinderte sollte u. a. in unserer Behandlung Verständnis für seine Situation lernen. Der motorisch Geschädigte reagiert mit einer Verstärkung seiner pathologischen Muster auf übermäßige Anforderung, jedoch nutze ich jede dem Patienten mögliche aktive Bewegung aus. Spontane, schnelle Bewegungen sind unseren Patienten häufig unmöglich oder verbrauchen rapide ihre Kraft. Daher sollte die Behandlung unter den Gesichtspunkten Tonusregulierung, Verbesserung der Koordination und des Gleichgewichts, Verbesserung der aktiven Kontrolle gegen die Schwerkraft stehen. Oft finden wir Spastizität in den Beinen und einen teilweise schlaffen inaktiven Rumpf. Durch die Blockierung der Hüften und des Beckens durch Spastizität der Beine kommt es zu einer Vorlagerung des Oberkörpers und zu einer Überaktivität der langen Rückenstrecker. So haben die Patienten häufig in diesem Gebiet Überlastungsbeschwerden, da diese notwendige aktive Fixation gegen die Schwerkraft normale Rumpfbeweglichkeit und Gleichgewichtsreaktionen nicht zuläßt. Durch Bewegungseinleitung von proximal her, d.h. Auflösen des kompensatorischen Blockes zwischen Schultern und Hüften, erleichtern wir das Bewegen aus dem pathologischen Muster heraus. Durch Bewegen aus der Körpermitte mit Hilfe von Rotation in den proximalen Gelenken erreiche ich ein größeres Bewegungsausmaß. Dabei beginne ich mit den Körperpartien, die weniger betroffen sind. Hier bietet sich das Arbeiten im Sitzen zum Liegen herunter oder das Hochkommen über die Rotation zum Stehen mit Einsatz der Arme und Hände zum Stützen an. Als zusätzliche Hilfe für die Mobilisierung haben wir deutliche Erleichterung durch die Hippotherapie. Die dreidimensionale Schwingung des Pferderückens ist durch kein krankengymnastisches Übungsgerät zu ersetzen. Die Patienten werden allerdings darauf vorbereitet durch eine Verbesserung der Abduktion, welche häufig ein Problem ist, im Sitzen z. B. auf der großen Rolle mit Gewichtsverlagerung von Seite zu Seite. Selbstverständlich kommt nur ein Teil unserer MS-Patienten für die Hippotherapie in Frage.

Da wir davon ausgehen können, daß sich Spastizität durch Mangel an Bewegung verstärkt, muß der Betroffene lernen, sich aus seinem spastischen Muster heraus zu bewegen und gleichzeitig zu fühlen, wieweit es ihm durch eigene Maßnahmen gelingt, seinen Tonus zu senken. Wir bahnen die Bewegungserfahrung und lassen sie den Patienten mit immer weniger Hilfe selbst ausführen und diese Erfahrung durch Wiederholung übernehmen. Unsere Patienten haben häufig spastisch-ataktische Probleme. Die Ataxie tritt deutlicher in den Vordergrund, je mehr die Spastizität reduziert wird. Hinzu kommen oft noch Sensibilitätsstörungen.

Auch hier gilt es, die Anbahnung normaler Bewegungsabläufe zu fördern, unter Beachtung und Verstärkung propriozeptiver Impulse. Durch ein Einschleifen von Bewegungsübergängen kommt es auch zu einer Verbesserung der Gleichgewichtsreaktionen und koordinierter Bewegungsabläufe. Ausgangspositionen sind zunächst in Bodennähe. Aus der Rückenlage Drehen in Seitlage, Drehen in Bauchlage über die Amphibienreaktion in den Vierfüßlerstand, über Kniestand, Einbeinstand oder über den Bärenstand mit Abstützen der Hände hoch zum Stehen.

Bei diesen Bewegungsübergängen werden Gleichgewichtsreaktionen gefordert, die nur bei koordinierten Bewegungsabläufen entstehen können. Diese Entwicklung vom Liegen zum Stehen orientiert sich an der normalen Aufrichtung des Menschen gegen die Schwerkraft. Der Befund bietet die Voraussetzung und die Grenzen des Erreichbaren. Häufig ist die Aufrichtung gegen die Schwerkraft in physiologischer Form nicht mehr erreichbar und wir müssen dem Patienten helfen, seiner Behinderung entsprechend zu leben und seinen Alltag zu bewältigen.

Professor Dr. Helmut J. Bauer, Göttingen
Diätetische Ratschläge für MS-Patienten

Es gibt keine »MS-Diät«, die eine Heilung herbeizuführen vermag. *Was also kann der MS-Patient von sinnvollen diätetischen Maßnahmen erwarten?*

Eine erhebliche Zahl von »MS-Diäten« wird empfohlen:

- diverse vegetarische Kostformen
- Evers-Diät (Rohkost plus gekeimte Weizenkörner)
- kohlenhydratfreie Diät
- kartoffelfreie Diät
- glutenfreie Diät
- milchfreie Diät
- bakterienfreie Diät
- methanolfreie Diät
- allergenfreie Diät
- fettarme Diät mit reichlicher Zufuhr von essentiellen (mehrfach ungesättigten) Fettsäuren u. v. a.

Die große Zahl dieser stark divergenten Ernährungsempfehlungen, von denen außer der fettarmen Diät keine einer adäquaten kontrollierten Prüfung unterzogen worden ist, belegt, daß bisher keine Kostform die MS im Sinne einer Heilung beeinflußt und sich gegen andere Diätvorschläge durchgesetzt hat. Die Evers-Diät und die diversen vegetarischen Ernährungsarten sind allgemein-umstimmende Kostformen, die zumindest als zeitweilige Ernährung mit einer gewissen Berechtigung relativ populär sind. Das Problem dabei ist die Durchführung über einen längeren Zeitraum, die Vermeidung von einseitiger Ernährung sowie die oft umständliche und z. T. kostspielige Erstellung, so daß derartige Diäten nicht für die Ernährung der gesamten Familie geeignet sind.

1. Eine optimal bilanzierte* Ernährung, die Mangelzustände und durch falsche Ernährung bedingte Schäden vermeidet.

* Bilanziert = Zusammenstellung der Grundnährstoffe in optimaler Relation zueinander,

2. Daß die Ernährungsform gewissen Besonderheiten bei der MS-Neigung zur Verstopfung und Flatulenz (Darmaufblähung), einer negativen Stickstoff-, Kalzium-, Kaliumbilanz und Vitaminmangelzuständen entgegenwirkt.

Welchen praktischen Voraussetzungen sollen diätetische Maßnahmen bei der MS Rechnung tragen? Die Diät muß mit Gepflogenheiten der landesüblichen Ernährung vereinbar sein. Sie muß schmackhaft und abwechslungsreich genug sein, um für die Dauer-Ernährung auch der Familie der MS-Betroffenen akzeptabel zu sein.

Leitende Gesichtspunkte

1. Ausreichende, aber nicht überschüssige Kalorienzufuhr.

2. Begrenzte Fettzufuhr mit hohem Anteil essentieller Fettsäuren (= Fette mit hohem Anteil mehrfach ungesättigter physiologisch konfigurierter Fettsäuren).

3. Möglichst niedriger Cholesteringehalt.

4. Relativ hoher Proteinanteil, Relation von Proteinen tierischer und pflanzlicher Herkunft unter Berücksichtigung eines biologisch günstigen Ergänzungswertes und der adäquaten Zufuhr essentieller Aminosäuren.

5. Bei Kohlenhydraten Zuckeranteil niedrig halten. Bevorzugung von Reis, Getreideprodukten (Vollkornbrot, Haferflocken). Bei Kartoffeln Vermeidung einer erhöhten Fettzufuhr (Braten, Saucen).

6. Reichlich Gemüse und Obst, soweit wie möglich frisch, unter dem Gesichtspunkt, eine mineral-speziell kaliumreiche Kost zu verabreichen. Bei Gemüse Vermeidung blähender Sorten (Bohnen, Linsen, Kohl).

7. Keine starren Verbote, da deren Wert nicht beweisbar und die Durchführung auf lange Sicht nicht kontrollierbar ist. Andererseits Anstreben eines definitiven Diätgerüstes

mit ausreichendem Gehalt aller Nahrungsbausteine (essentielle Fette, Aminosäuren), die der Körper nicht selbst aus anderen Nährstoffen ergänzen kann.

(Kochrezeptsammlung), um den Patienten praktikable Hilfen an die Hand zu geben.

Richtlinien

Kalorienzahl: ca. 1800 Cal. (entspr. 7540 Joule), ggf. gezielte Begrenzung bei Gewichtszunahmen oder Zulagen bei Gewichtsverlust, negativer N-Bilanz, besonderen Krankheiten oder Stoffwechselstörungen.

Verteilung der Kalorien: 50 % Kohlenhydrate = ca. 225 Gramm; 30 % Fett = ca. 60 Gramm; 20 % Protein = 90 Gramm.

Kohlenhydrate:

Zucker, Honig eher sparsam (Honig bietet keine besonderen Vorteile gegenüber gewöhnlichem Zucker). Süßstoff erlaubt (zweckmäßiges Präparat ist Natreen, ein Saccharin-Natriumzyklamat-Kombinationspräparat).

Brot – Vollkornbrot ist zu bevorzugen, alle anderen Brotsorten sind jedoch ebenfalls erlaubt. Reis; Haferflocken; Graupen, Gries, Mais, Leinsamen; Kartoffeln; bei Kuchen und Süßbackwaren Fettgehalt berücksichtigen.

Fette:

Beschränkung auf Fette mit einem hohen Gehalt an mehrfach ungesättigten, physiologisch konfigurierten Fettsäuren mit möglichst geringem Cholesteringehalt. Dieser Voraussetzung entsprechen Speiseöle und gewisse (nicht alle!) Margarinen, die aus pflanzlichen Ölen hergestellt sind. Da solche Fettprodukte die Neigung haben, leichter ranzig zu werden als Fettsorten mit einem hohen Gehalt an gesättigten Fettsäuren, muß diesen ein Antioxydans zugesetzt werden, hierfür hat sich Vitamin E als zweckmäßig erwiesen und ist käuflich erhältlichen Pflanzenmargarinen zugefügt. Durch Begrenzung der Fettzufuhr auf solche Produkte wird daher zugleich eine ausgiebige Zufuhr von Vitamin E in der Diät gewährleistet. Am geeignetsten haben sich Sonnenblumenöl und Färberdistel (Saflor)-Öl erwiesen, da sie den höchsten Gehalt an geeigneten mehrfach ungesättigten Fettsäuren aufweisen; sie sind in frischer Form infolge ihrer Geschmacksneutralität auch besonders angenehm. Durch Braten wird der Gehalt der entsprechenden Speiseöle an mehrfach ungesättigten Fettsäuren nur geringfügig herabgesetzt.

Butter, Schmalz, Speck und fettes Fleisch sind so weitgehend wie möglich zu meiden.

Neuerdings werden in Formula-Diäten MCT-Fette (= kurzkettige Fettsäuren von 8–10 Ketten) angewendet, weil diese leicht abgebaut über die Pfortaderzirkulation resorbiert werden und den Triglycerid-Spiegel im Blut nicht steigern sollen.

Proteine:

40 % des Proteins soll tierischer Herkunft sein zur Deckung des Bedarfs an essentiellen Aminosäuren, dabei Fett-Zufuhr berücksichtigen, da eine relativ proteinreiche Kost meistens mit vermehrter Fettzufuhr einhergeht.

60 % der Proteine können nicht-tierischer Herkunft sein. Dieser Anteil betrifft im wesentlichen die Kohlenhydratlieferanten der Ernährung (siehe oben). Von den in der europäischen Kost üblichen Gemüsen stellen nur die Leguminosen (Erbsen, Bohnen, Linsen) Proteinlieferanten von nennenswerter Bedeutung dar. Davon sind Bohnen und Linsen wegen schlechter Verträglichkeit (Obstipation, Flatulenzneigung) nicht angebracht. Soja-Bohnen sind beachtliche Lieferanten sowohl von Protein wie Fett, in unserer Ernährung jedoch noch nicht eingebürgert.

Proteine tierischer Herkunft: Magerquark und alle Formen von Obst- und Gemüsezusätzen. Magerjoghurt und Obstzulagen.

Fisch: Heilbutt, Forelle, Kabeljau, Schellfisch, Scholle. Möglichst nicht: Aal, Hering, Lachs, Ölsardinen.

Fleisch: Mageres Huhn, Truthahn, mageres Kalb-, Rind-, Hammel-, Schweinefleisch, Corned Beef und andere gelierte

Formen magerer Fleischsorten, Würstchen (nicht Schinkenwurst).

Nicht: Speck, fette Wurst, Innereien.

Zubereitungsformen: Kochen, braten (in Speiseöl mit hohem Gehalt mehrfach ungesättigter physiologischer Fettsäuren), grillen.

Eier sind in begrenzter Menge erlaubt. Wegen des hohen Cholesteringehaltes (280 mg pro Ei), ausschließlich im Eigelb, bei einer erlaubten täglichen Cholesterinmenge von 300 mg).

Bei der Proteinzusammensetzung gibt es Gesichtspunkte über den »Ergänzungswert« von Proteingemischen. So werden z. B. Rindfleisch plus Kartoffeln, Milch plus Weizen, Ei plus Kartoffeln, Reis, Bohnen oder Soja, Bohnen mit Mais als Kombination mit einem günstigen Proteinergänzungswert bezeichnet. Im Hinblick auf gewisse Einschränkungen, die bezüglich dieser Nahrungsmittel bereits erwähnt worden sind, sind andere geeignete Kombinationen anzustreben.

Gemüse:

Gurken, Tomaten, Salat, Möhren, Steckrüben, rote Rüben, Rettich, Radieschen, Sellerie, Zwiebel, grüne Erbsen, grüne Bohnen, Spargel, Lauchgemüse, Porree, grüne Paprika, Maisfrüchte, Kräuter zum Würzen (Dill, Estragon, Kresse, Petersilie, Schnittlauch, Lorbeer u. a.).

Obst:

Äpfel, Birnen, Pfirsich, Aprikosen, Pflaumen, Trauben, Rosinen, Beerenfrüchte, Apfelsinen, Zitronen, Pampelmusen, Ananas. Bei Bananen, Feigen, Datteln ist der Kohlenhydratgehalt zu berücksichtigen. Nüsse sollen nur in begrenzter Menge vorgesehen werden, weil sie relativ schwer verdaulich sind, der hohe Fettanteil (ca. 60 %) ist zu berücksichtigen.

Ob der hohe Serotonin-Gehalt von Bananen und gewissen Nüssen (Walnüssen) diätetische Rücksichten fordert, bedarf noch einer Überprüfung.

Gewürze:

Entgegen einer weitverbreiteten und in vielen Diätvorschriften für MS-Kranke vorhandenen Tendenz, Gewürze zu verbieten, besteht hierfür – bei Verträglichkeit des Magen-Darmkanals – keine Grundlage. Paprika, Pfeffer, Curry, Senf, Kräutergewürze sind nützlich zur Erhöhung der Schmackhaftigkeit von Speisen und im Rahmen des vorliegenden Diätplanes erlaubt.

Getränke:

Hierfür ist die Flüssigkeitsmenge zu berücksichtigen, diese ist eher großzügig zu halten, da u. a. die relativ eiweißreiche Diät eine ausreichende Flüssigkeitsmenge zur Ausscheidung harnpflichtiger Substanzen fordert. Patienten mit Harninkontinenz neigen dazu, ihre Flüssigkeitsmenge möglichst gering zu halten. Hierbei ist eine wirksame Bekämpfung von Harnwegsinfektionen oft erfolgreicher als die Flüssigkeitsbeschränkung. Obst- und Gemüsesäfte, so oft wie möglich frisch zubereitet, Buttermilch, Magermilch (auch Magermilchpulver bei Speisezubereitung), mineralische Getränke in begrenzter Menge, morgens und mittags kleinere Mengen Bohnenkaffee, abends etwas Bier und Weißwein erlaubt.

Diese Ratschläge sind nicht als starre Vorschrift aufzufassen. Man muß sich auch freimachen von der Vorstellung, daß strenge Essensvorschriften, sofern nicht besondere Störungen des Magen-Darmtraktes oder des Stoffwechsels vorliegen, bei der MS besonders wirksam sind. Bei den hier vermerkten Richtlinien ist es durchaus möglich, dem MS-Betroffenen eine schmackhafte Ernährung zu bieten, die auch als Dauerkost für die gesamte Familie geeignet ist.

Erika Kitter: Auf der Suche nach neuen Therapien

MS: nicht heilbar. Gibt es eine Hoffnung für die Zukunft?

In den dreißig Jahren meines Lebens mit MS wurde, rückblickend betrachtend, zu allen Zeiten intensiv, im In- und Ausland, in den wissenschaftlichen Fachkreisen geforscht, diskutiert und vieles klinisch getestet, das eine Wende in der medizinischen MS- Behandlung bringen sollte. Einiges war wertvoll anderes wurde verworfen.

Ich verfolgte aufmerksam immer wieder die Berichte über die jeweiligen medizinischen Mittel und Heilbehandlungsvorschläge und erinnere mich mit einer Gänsehaut an Behandlungen wie: Bluttransfusionen, Frischzellentherapien und Stickstoffbehandlungen u.a., mit denen ich Anfang der 70er Jahre behandelt wurde. Das waren Mittel die keine effizienten Effekte aber erhebliche schädigende Nebenwirkungen bei mir auslösten.

Ich wurde immer wieder gefragt, wie ich das schaffe mit MS zu leben. Meine Hilfe fand ich hauptsächlich in den klinischen- und ambulanten Physiotherapien. Hier möchte ich besonders die hilfreiche Hippotherapie – Krankengymnastik auf dem Pferd – hervorheben. Sie half mir u.a. die Spastik zu lösen. Aber es gab dann noch für mich einige andere Krankheitsbewältigungshilfen ganz anderer Art z. B.: Die Lebensgewohnheiten mussten sich der Krankheit; jeweils dem Zustand anpassen und nicht umgekehrt, die Krankheit an die bisherige Lebensweise. Und die Lebensweise veränderte sich, indem sich meine Gedanken änderten. „Das kann ich nicht, wandelten meine Gedanken nun in: Ich will es versuchen! Und dahinter stand meine feste Überzeugung. Denn alles was der Mensch vollbringt, ist das direkte Ergebnis seiner Gedanken. Nach den schlimmen Krankheitsphasen erkannte ich: *Niemand kann sich selbst entfliehen – ein jeder kann sich nur dann von seinem Leiden befreien, wenn er sich durch das Erkennen der „Wahrheit" selbst erlöst.*

Das eigene Denken besitzt die wunderbare Fähigkeit, wahr zu sein. Nur das, was sich jemand gedanklich vorstellt, dass es existiert oder werden wird, kann für ihn existieren oder werden und sonst nichts.

Sie müssen dies bitte wörtlich nehmen, denn es gilt nicht nur für die Krankheiten, sondern für alles im Leben. Helfen oder heilen kann in jedem Falle, ganz gleich um welche Krankheit es sich handelt, nur *die innere Überzeugung,* dass man gesunden wird. Medikamente z. B. oder Impfstoffe, Heilwasser, Tees usw. sind nur Mittel zum Zweck, um im Kranken diese Überzeugung wachzurufen.

Die folgende Erkenntnis ist ein Teil meiner hilfreichen Lebensphilosophie geworden: *„Nicht unser menschliches Wollen bringt uns das gewünschte, sondern die innere Überzeugung, dass das gewünschte werden wird."* Sicher gelingt es so zu denken, nicht unbedingt in der Zeit, die man sich dafür gesetzt hat. Sicher gelingt es aber in der Zeit, die dafür richtig ist, denn alles braucht seine Zeit.

Ohne die Entschlossenheit und Unerschütterlichkeit der Wissenschaftler, die nicht abließen, an dem zu arbeiten, was ihnen als Lösung vorschwebte, gäbe es z. B. heute kein Interferon oder sonstige fortschrittliche medizinische Hilfen. Die Erkenntnisse und Erfahrungen aus der Vergangenheit, brachten Fortschritte für die wissenschaftlichen Ergebnisse heute.

Obwohl die Entstehungsursachen bei der Multiplen Sklerose, trotz intensiver Forschung, auch heute noch weitgehend unklar sind und es auch keine medikamentösen oder therapeutischen Mittel gibt welches die ersehnte Heilung hervorbringen könnte, sind die Chancen, die MS und deren Symptome zu behandeln und in den Griff zu bekommen, nie günstiger gewesen als heute.

Multiple Sklerose wird nach neuesten Erkenntnissen als eine neurologische Autoimmunerkrankung des zentralen Nervensystems (ZNS) eingeordnet. Seit ein paar Jahren festigten sich die Vermutungen, dass Entzündungen zu einer Fehlreaktion des Immunsystems führen und somit chronische entzündliche Herde (Läsionen) entstehen.

Die Krankheit MS kann das Gehirn sowie das Rückenmark angreifen und die Myelinscheiden (Isolierschichten), die die Nervenfasern umhüllen, mehr oder weniger heftig zerstören. An den vielfachen (multipel) Stellen, an denen sich harte (skleros) Narben bilden, die nur eingeschränkte, gestörte oder so gut wie keine Leitfähigkeit mehr zulassen, kommt es dann zu neurologischen Störungen oder Symptomen, deren Ausmaß vom Ort bez. Umfang des Entzündungsherdes abhängt und bei jedem Kranken individuell gravierend auftritt. Deshalb spricht man auch von der *Krankheit mit den vielen Gesichtern*, weil die Krankheit bei jedem Betroffenen individuell verläuft.

In der Diagnostik sind in den letzten Jahren hilfreiche Befunde und Fortschritte u.a. durch Computertomographie (CT) und Magnetresonanztomographie (MRT) zu verzeichnen. Somit ist eine Früherkennung möglich.

Multiple Sklerose: Die Wende in den medikamentösen Behandlungsmöglichkeiten! Können Medikamente die Krankheit annähert stoppen? Mittel, die zur Zeit bei MS angewendet werden: Kortikosteroidbehandlung des akuten Schubs, Interferon-beta 1b und 1a, Glatirameracetat / Copolymer-1, Intravenöse Immunglobine, Azathioprin, Mitoxantron, Cyclophosphamid, Methotrexat.

Behandlungsmöglichkeiten heute: Von den MS Behandlungsmöglichkeiten werden hier von fachkundigen Wissenschaftlern, Ärzten und Therapeuten vorrangig die gegenwärtigen genannt.

Diese kleine Auswahl und die aktuellen Informationen sollen dazu dienen, dass Menschen mit der Krankheit Multiple Sklerose die Möglichkeiten zu einer Behandlung kennen lernen und überprüfen können, um sich dann für die persönlich zu akzeptierende Behandlungsart und Hilfsmöglichkeit entscheiden zu können.

Dr. Norbert Zessack - Unterschleißheim

Aktueller Stand der MS-Therapie

Seit Beginn der neunziger Jahre haben die Forschungsaktivitäten auf dem Gebiet der Multiplen Sklerose sowohl in akademischen Einrichtungen als auch in der pharmazeutischen Industrie stark zugenommen.

Es wird sowohl an der Erforschung der Entstehung der Erkrankung, den Vorgängen im zentralen Nervensystem während der Erkrankung, verbesserten Diagnose und Kontrollmöglichkeiten und nicht zuletzt an Arzneimittel zur Beeinflussung des natürlichen Verlaufes der Erkrankung geforscht.

Als ein Meilenstein in der Multiple Sklerose Therapie ist mit Sicherheit die Einführung von Interferon-beta als erstes speziell für die Multiple Sklerose 1993 in den USA zugelassenes Arzneimittel anzusehen. Da Interferon-beta die Multiple Sklerose nicht heilen kann und bestehende Beeinträchtigungen oder Behinderungen nur in seltenen Fällen zurückbildet, sind noch nicht alle therapeutischen Wünsche erfüllt. Interferon-beta ist aber in überzeugender Weise in der Lage, das Fortschreiten der Erkrankung zu verlangsamen und in einigen Fällen sogar zu stoppen.

Immunmodulatorische Stufen Therapie der Multiplen Sklerose

Auf Grund der zunehmenden Zahl von in klinischen Studien, untersuchten und teilweisen schon zugelassenen Therapiemöglichkeiten bei der MS haben sich die ärztlichen Beiräte der deutschsprachigen Multiple Sklerose Gesellschaften 1998 zu einer Konsensusinitiative zusammengefunden und 1999 eine als Therapiestandard geltende Empfehlung zur "Immunmodulatorische Stufen Therapie der Multiplen Sklerose" veröffentlicht.

Als Standarttherapie des akuten Schubes gilt derzeit die hochdosierte Cortison-Infusionstherapie über einen Zeitraum von drei bis fünf Tagen. Zur Verhinderung des Auftretens weiterer Schübe oder des Fortschreitens der Behinderung sollte bei Patienten mit entsprechender Krankheitsaktivität eine immunmodulatorische Dauertherapie eingeleitet werden.

Medikament der ersten Wahl ist hier Interferon-beta.

Hauptsächlich bei Interferon-beta-Unverträglichkeiten oder Ablehnung der Injektionstherapie durch den Patienten kann auch die Behandlung mit Glatirameracetat (GLAT) bzw. Azathioprien oder Immunglobuinen (IVIG) zurückgegriffen werden.

Bei einem unzureichenden Ansprechen auf eine Therapie der ersten Stufe und hohen Krankheitsaktivität ist eine Eskalation der Therapie anzuraten. Unter Therapieeskalation versteht man die Wahl der nächst stärkeren Behandlungsmöglichkeit, die allerdings auch belastender oder mit mehr Nebenwirkungen behaftet sein kann.

Als Mittel der Wahl für die Therapieeskalation wird derzeit auch der Krebs-Therapie bekannte Mitoxantron empfohlen. In seltenen Fällen werden auch andere Chemotherapeutika wie CYCLOPHOSPHAMID eingesetzt. Mitoxantron kann aufgrund einer zulässigen Höchstdosis nur über einen begrenzten Zeitraum angewandt werden, deshalb bei eingetretener Stabilisierung der Erkrankung nach zwei Jahren eine Wiederaufnahme der die Interferon-beta-Therapie diskutiert wird.

Die Interferon-beta-Therapie

Interfron-beta ist die derzeit am besten untersuchte und dokumentierte Subtanz in der MS-Therapie. Mit mehreren tausend Patienten wurden weltweit kontrollierte Studien bei den Hauptverlaufsformen der Erkrankung, schubförmige Multiple Sklerose (RRMS) und sekundäre progrediente Multiple Sklerose (SPMS) durchgeführt. Untersucht wurde auch die Therapie bei Patienten mit einem ersten Schub, d.h. mit der Diagnose einer möglichen Multiplen Sklerose.

Wie wirkt Interferon-beta?

Interferon-beta ist ein körpereigenes Eiweiß, das jeder Mensch als Botenstoff des Immunsystems bildet.

Die positiven Effekte von Interferon-beta auf die MS sind hauptsächlich auf seine antientzündliche Wirkung zurückzuführen. Interferon-beta beeinflusst z.B. den Übertritt von Zellen des Immunsystems, die sich gegen das eigene Nervengewebe richten, aus dem Blut in das zentrale Nervensystem. Es unterdrückt die Produktion von entzündungsfördernden Stoffe wie Interferongamma und TNF-alfa. Zusätzlich werden körpereigene Mechanismen die gegen die Entzündung wirken und antientzündliche Stoffe produziert.

Die klinische Wirksamkeit bei der MS

Interferon-beta ist bei ausreichender Dosierung in der Lage die Zahl der auftretenden Schübe sowie deren Schwere zu reduzieren. In den Studien mussten die Patienten seltener mit Corticosteroid-Pulstherapie behandelt werden und wurden seltener stationär in Kliniken aufgenommen.

Interferon-beta ist weiter in der Lage das Fortschreiten der Beeinträchtigung bzw. Behinderung deutlich zu verlangsamen, teilweise sogar zu stoppen.

Sehr eindrucksvoll ist die Wirksamkeit von Interferon-bata in kerspintomographischen Untersuchungen nachzuweisen. Hier wurde die Anzahl der aktiven Läsionen, Läsionen die akute Entzündungen darstellen, deutlich reduzier, aber auch das Gesamtausmaß aller Läsionen im zentralen Nervensystem konnte durch die Interferon-beta-Therapie stabilisiert werden.

Wann ist eine Interferon-beta-Therapie sinnvoll?

Die Ergebnisse der in letzten Monaten veröffentlichten Studien an verschiedenen Verlaufsformen der Multiplen Sklerose haben mehr Klarheit in das Bild der Interferon-beta-Therapie gebracht.

Die Studien zum Einsatz von Interferon-beta bei sekundär progredieneter Multiplen Sklerose (SPMS) haben gezeigt, dass Patienten, die bereits sehr weit in ihrer Erkrankung fortgeschritten sind nicht oder nur noch wenig von der Interferon-beta-Therapie profitieren. Patienten, die am Beginn der progredienten Erkrankungsphase stehen, d. h. die trotz fortschreitdender Behinderung noch überlagerter Schübe haben bzw. bei denen sich noch Entzündungszeichen in der Kernspintomographie nachweisen lassen, können von Interferon-beta profitieren.

Am deutlichsten profitieren Patienten mit schubförmig verlaufender Multiplen Sklerose (RRMS). Bei diesen Patienten konnte gezeigt werden, dass, je früher mit der Interferon-beta-Therapie begonnen wurde, um so größer der Therapieeffekt war, den die Patienten verzeichnen konnten. In der mit Rebif® über vier Jahre durchgeführten PRISMS Studie konnte eindeutig gezeigt werden, dass Patienten die von Anfang an über vier Jahre mit Interferon-beta behandelt worden sind ein geringeres Fortschreiten der Behinderung und weniger Schübe hatten, als Patineten die mit einer zweijährigen Verzögerung die Therapie begonnen hatten.

Zum gegenwärtigen Zeitpunkt ist die Interferon-beta-Therapie in Deutschland für Patienten mit einer gesicherten MS die mindestens zwei Schübe oder einen schweren in den vorangegangenen zwei Jahren gehabt haben, sowie für Patienten mit einer sekundär progredienten Erkrankung zugelassen.

Bereits Mitte der 90er Jahre wurden Studien zur Behandlung ganz früher Stadien der Multiplen Sklerose mit Interferon-beta begonnen. Behandelt wurden Patienten mit einem ersten Schub, d. h. Patienten bei denen sich mit einer hohen Wahrscheinlichkeit eine MS entwickeln könnte. Ziel der Studien war zu zeigen, ob durch die Therapie mit Interferon-beta der zweite Schub und damit der definitive Ausbruch der multiplen Sklerose verzögert bzw. sogar verhindert werden kann.

Die Daten wurden erstmals im Frühjahr dieses Jahres vorgestellt und zeigten auch hier die Wirksamkeit von Interferon-beta. Der Anteil der Patienten, die den zweiten Schub und somit eine gesicherte Multiple Sklerose entwickelt haben, war unter Interferon-beta signifikant geringer als bei unbehandelten Patienten.

Aus allen Studien der verschiedenen MS-Verlaufsfor-men lässt sich klar ablesen, dass eine Interferon-beta-Therapie die größten Erfolgsaussichten hat, wenn sie so früh wie möglich in der Erkrankung begonnen wird.

Interferon-beta Präparate

In Deutschland sind gegenwärtig drei Interferon-beta-Präparate zur Therapie der Multiplen Sklerose zugelassen. Die Präparate unterscheiden sich durch die biotechnologischen Herstellungesverfahren, die Injektionsform und die Dosierung. Betaferon® ist ein Interferon-beta 1b, dass in Bakterienzellen produziert wird. Rebif® und Avonex™ sind Interferon-beta 1a-Präparate die in Säugetierzellen produziert werden und somit nahe zu identisch zum im menschlichen Körper gebildeten Interferon-beta sind.

Die Unterschiede in der Herstellung zwischen Interferon-beta 1a und 1b haben keinen Einfluss auf die Wirksamkeit bei der Multiplen Sklerose. Betaferon® und Rebif® kann unter die Haut (s.c., subkutan), Avonex™ hingegen muss in den Muskel (i.m., intramuskulär) injiziert werden. Auch dieser Unterschied hat keinen Einfluss auf die biologische Wirksamkeit der Präparate. Entscheidend für die Wirksamkeit bei der Multiplen Sklerose ist hingegen die injizierte Interferon-beta-Menge und die Häufigkeit der Injektionen pro Woche. Hier gibt es die deutlichsten Unterschiede zwischen den Präparaten. Von Avonex™ werden einmal wöchentlich 30 μg (6 MIU. Millionen Internationale Einheiten) Interferon-beta 1a und beim Betaferon® werden alle zwei Tage 8 MIU Interferon-beta 1b injiziert. Bebif ® ist als einziges Interferon-beta-Präparat in zwei Dosierungen zugelassen. Die Therapie wird entweder mit der Injektion von 3x 22μg/Woche (3x 6 MIU) oder 3x 44μg/Woche (3x 12 MIU) Interferon-beta 1a durchgeführt.

In allen klinischen Studien in denen mehrere Dosierungen von Interferon-beta untersucht wurden, konnte eine Dosis-Wirkungsbeziehung nachgewiesen werden. Es zeigte sich deutlich, dass die häufigere wöchentliche Gabe und höhere Dosen von Interferon-beta zu einer Zunahme der Wirksamkeit führen. In der PRISMS-Studie war ein segnifikant höherer Therapieerfolg für Patienten, die frühzeitig mit der hohen Rebif ® -Dosis (3x 44μg wöchentlich) behandelt wurden nachweisbar.

Da die Interferon-beta-Therapie eine Langzeittherapie über viele Jahre sein kann, ist neben der Wirksamkeit natürlich auch die Verträglichkeit und Handhabung der Medikamente ein wichtiger Faktor für den Therapieerfolg.

Alle Interferon-beta Präparate können die Interferon-typischen Reaktionen wie grippeähnliche Symptome, Fieber und Müdigkeit hervorrufen.

Diese Erscheinungen sind meist mild und vorübergehend und beschränken sich in der Regel auf die ersten Wochen der Therapie.

Durch die Injektion am Abend und vorbeugende Einnahme fiebersenkender Medikamente können diese Erscheinungen weitestgehend reduziert werden. Während der Behandlung sollte regelmäßig das Blutbild und die Leberwerte kontrolliert werden, da diese Werte von Interferon-beta beeinflusst werden können. Es gibt nur wenige Patienten die Interferon-beta überhaupt nicht vertragen.

Das Interferon-beta-Präparat Rebif® weist eine sehr einfache Handhabung auf. Avonex® und Betaferon® werden als Trockensubstanzen geliefert, die vor der Injektion aufgelöst und in eine Spritze aufgezogen werden müssen. Rebif® hingegen wird in beiden Dosierungen als Fertigspritze angeboten, d. h. die Injektion kann ohne weitere Zubereitungsschritte erfolgen. Dieses erleichtert besonders Patienten mit beeinträchtigter Bewegungsfähigkeit der Hände oder Arme die Therapie.

Ausblick

Aktuelle Forschungen und Entwicklungen beschäftigen sich mit verschiedenen Aspekten der MS-Therapie. Untersucht wird die Verbesserung bestehender Therapien wie die Möglichkeit der Einnahme von Interferon.beta oder Glatirameracetat als Tablette, oder die Kombination mehrer wirksamer Medikamente.

Die MS ist keine Erkrankung die bei allen Patienten klinische und pathologisch gleich verläuft. Durch die Indentifizierung und Charakterisierung von Untergruppen der MS hofft man gezielter wirksamer Therapien entwickeln zu können.

Darüber hinaus gibt es grosse Anstrengungen Behandlungsstrategien oder Medikamente zu entwickeln, die die Reparatur von geschädigtem Nervengewebe ermöglichen.

Dr. med. Hans-Ulrich Puhlmann, Oberarzt
der Neurologischen Abteilung an der Schloßpark-Klinik, Berlin

Medikamentöse Therapie der Multiplen Sklerose

Bei der medikamentösen Therapie der MS wird zwischen solchen Arzneimitteln unterschieden, die zu einer Besserung der Symptome führen und solchen, die den Krankheitsverlauf günstig beeinflussen sollen.

Symptomatische medikamentöse Therapie

Obwohl die, im Folgenden, aufgeführten Behandlungen nicht die Ursache der Erkrankung beeinflussen, sind sie dennoch für den Patienten oft von Bedeutung im täglichen Leben und können zu einer spürbaren Verbesserung der Lebensqualität führen.

Liegt eine Spastik (Muskelsteifigkeit) vor, so werden zunächst vor allem krankengymnastische Übungsbehandlungen angewandt. Bei stärkerer Spastik kommen Medikamente wie Baclofen, Tizanidin, sehr viel seltener Dantrolen oder Clonazepam, zur Anwendung. In ausgeprägten Fällen kann darüber hinaus Botulinumtoxin in den Muskel injiziert werden oder das Medikament Baclofen mit einer Pumpe direkt in den Nervenwasserraum verabreicht werden.

Häufig kommt es zu Schmerzen, beispielsweise durch Fehlbelastung von Gelenken oder Muskeln, aber auch durch eine stärkere Spastik. Hier ist ebenfalls durch Krankengymnastik, ferner durch eine zeitlich befristete Gabe von Schmerzmitteln, eine Linderung zu erzielen. Die Auswirkungen chronischer Schmerzen auf das allgemeine Befinden sind nicht zu unterschätzen, und bei einer erfolgreichen Behandlung kann sich das Lebensgefühl erheblich bessern.

Psychische Symptome sind ebenfalls bei der MS recht häufig. Depressionen können sowohl durch regelmäßige ärztliche oder psychologische Gespräche als auch durch entsprechende Medikamente behandelt werden. Bei der medikamentösen Behandlung ist zu beachten, dass einige der verordneten Arzneimittel andere Symptome, insbesondere Blasenstörungen, verstärken können. Die häufig geklagte Müdigkeit ist bei der Tagesplanung zu berücksichtigen, medikamentös ist ein Behandlungsversuch mit Amantadin, Imipramin oder neuerdings auch mit Modafinil gerechtfertigt.

Blasenfunktionsstörungen müssen unbedingt zunächst weiter diagnostisch abgeklärt werden, um ihre Ursache zu klären, bevor eine gezielte Therapie erfolgen kann. Neben Blasenentleerungsstörungen (zu häufige oder unvollständige Blasenentleerung sowie mangelnde Urinkontrolle) kommt es vor allem häufig auch zu Harnwegsinfekten. Auch diese sollten gezielt behandelt werden.

Störungen der Sexualität kommen bei Frauen wie bei Männern vor, männliche MS-Kranke klagen häufig über eine Erektionsschwäche, die heute am besten mit Viagra gebessert werden kann. - Nach wie vor unbefriedigend ist die Behandlung der Ataxie und des Tremors („Zittern"). Hier hat sich keines der angewandten Medikamente durchgehend bewährt.

Behandlung eines akuten MS-Schubes

Kommt es zu einer akuten Verschlechterung vorhandener Symptome oder tauchen bisher unbekannte Symptome plötzlich neu auf, so handelt es sich häufig um einen akuten MS-Schub. Hiervon müssen zum einen die normalen Tagesschwankungen der Beschwerden abgegrenzt werden, zum anderen kommt es nicht selten zu einer akuten Verschlechterung der körperlichen Verfassung durch andere Erkrankungen (z. B. grippaler Infekt, Fieber). - Liegt ein akuter MS-Schub vor, so hat sich heutzutage die hochdosierte Cortison-Pulstherapie bewährt, bei der über 3 bis 5 Tage intravenös 500 bis 1000 mg Methylprednisolon verabreicht wird, häufig wird die Cortison-Behandlung noch über 10 bis 14 Tage mit Tabletten in absteigender Dosierung fortgesetzt. Diese Behandlung wird meist sehr gut vertragen, selten kommt es zu leichten Schlafstörungen, einer allergischen Reaktion oder Stimmungsschwankungen. Die übrigen Nebenerscheinungen, vom Cortison bekannten Nebenwirkungen, treten erst bei sehr viel längerer Behandlung auf.

Die Cortison-Therapie führt zu einer Abkürzung des Schubes, möglicherweise auch zu einer Verringerung der Nervengewebsschädigung während des Schubes. Kommt es bei dem akuten Schub nur zu einer geringen Zunahme der Symptome („kleiner Schub"), muss dies nicht unbedingt behandelt werden.

Vorbeugende Langzeit-Behandlung der MS

Immunmodulatorische und immunsuppressive Therapie

Darüber hinaus gibt es Medikamente, die nachgewiesenermaßen die Schubhäufigkeit bei der Multiplen Sklerose reduzieren, teilweise kann auch durch diese Medikamente ein Fortschreiten der Behinderung durch die MS vermindert werden. Meist kommt eines der folgenden Medikamente zum Einsatz:

Interferon beta 1a oder 1b
Copaxone (Glatirameracetat)
Immunglobuline
Imurek
Mitoxantron

Die Beta-Interferone (Avonex, Betaferon, Rebif) führen zu einer Abnahme der Schubhäufigkeit bei der schubförmig verlaufenden MS, zum Teil auch zu einer Verminderung einer fortschreitenden Behinderung. Nach derzeitiger Lehrmeinung (Stand Juli 2000) wird der Einsatz eines solchen Interferons zur Prophylaxe (Vorbeugung) bei der schubförmigen MS empfohlen, das Betaferon ist darüber hinaus auch für die Behandlung der sekundär-progredienten MS zugelassen. In letzter Zeit verdichten sich die Hinweise, dass ein möglichst frühzeitiger Therapiebeginn sinnvoll ist, um den Erkrankungsverlauf möglichst frühzeitig aufzuhalten. Kommt es erstmalig zu typischen Krankheitszeichen (Symptomen), sprechen weitere Untersuchungen, insbesondere die Kernspintomographie und/oder die Nervenwasseruntersuchung (Liquor) für eine entzündliche Erkrankung des zentralen Nervensystems und wird daher vom Arzt die Diagnose einer Multiplen Sklerose gestellt, sollte mit der Therapie begonnen werden. Diese Entscheidung ist unabhängig davon, wie viele Krankheitsschübe vorangegangen sind. Ein früher Behandlungsbeginn ist insbesondere dann anzuraten, wenn sich in der Kernspintomographie viele Entzündungsherde finden und daher von einem sehr aktiven Krankheitsprozess auszugehen ist. Allerdings besteht zur Zeit für diese erweiterte Behandlungsindikation (früher Therapiebeginn) noch keine offizielle Zulassung der Interferone. - Ungeklärt ist zur Zeit, ob die bedrohlichen sogenannten axonalen Schädigungen der Nerven, die den gesamten Krankheitsverlauf wahrscheinlich ganz wesentlich bestimmen, durch eine solche frühe Therapie aufgehalten werden können.

Auch durch Glatirameracetat (Copaxone), ein Aminosäuregemisch, das täglich 1mal unter die Haut gespritzt wird, kommt es zu einer Abnahme der Erkrankungsschübe. Das Medikament ist in der Regel gut verträglich, aber zur Zeit (Juli 2000) in Deutschland noch nicht zugelassen. Ähnliches gilt auch für die Behandlung mit Immunglobu-linen, die mit 4-wöchigem Abstand jeweils 1malig intravenös verabreicht werden.

Die Medikamente Azathioprin und Mitoxantron greifen stärker in das Immunsystem ein und werden als Immunsuppressivum bzw. als Zytostatikum bezeichnet. Sie kommen meist dann zum Einsatz, wenn die o. g. Präparate nicht wirksam sind oder wegen ihrer Nebenwirkungen bei dem Patienten nicht angewandt werden können.

Azathioprin (z. B. Imurek) wird seit 20 Jahren in der Langzeit-Behandlung der Multiplen Sklerose eingesetzt. Die Wirksamkeit ist allerdings nicht so gut untersucht, wie bei den neueren Medikamenten. Es wird täglich in Tablettenform eingenommen. Regelmäßige Laborkontrollen sind erforderlich.

Mitoxantron (z. B. Novantron) ist ein Zytostatikum. Es hat ebenfalls eine nachgewiesene Wirkung bei der MS und ist für die schwer verlaufenden Fälle vorgesehen. Es wird als Infusion alle 8 bis 12 Wochen 1malig verordnet, wobei der Einsatz wegen möglicher unerwünschter Wirkungen auf das Herz auf einen Zeitraum von maximal 3 Jahren begrenzt ist. Obwohl die Behandlungserfolge insgesamt noch beschränkt sind, ist es erfreulich, dass nach intensiver Forschung in den letzten Jahren eine Trendwende in der Behandlung der Multiplen Sklerose eingeleitet worden ist. Wir alle hoffen, dass weitere Fortschritte in den nächsten Jahren erzielt werden könne.

Prof. Dr. med. Judith Haas, Jüdisches Krankenhaus Berlin

MS - Rheuma des Nervensystems. Zur Immuntherapie

Die Multiple Sklerose ist die häufigste entzündliche Erkrankung des zentralen Nervensystems in den nördlichen Industrieländern. Die Ursache der Erkrankung ist unbekannt. Auf dem Boden einer erblich bedingter Empfänglichkeit entsteht in Kontakt mit einem unbekannten Agens ein Zell und Antikörper vermittelter Angriff gegen die Hüllsubstanzen - Myelinscheiden - von Gehirn und Rückenmark. Bezüglich des unbekannten Agens werden in letzter Zeit wieder Viren aus der Herpes Gruppe diskutiert, aber auch Clamydien. Das höchste Risiko mit diesem unbekannten Agens in Kontakt zu kommen und später an einer Multiplen Sklerose zu erkranken ist vor dem 14. Lebensjahr. Aufgrund der vielen wissenschaftlichen Untersuchungen beschriebenen Autoagressivität wird die Multiple Sklerose zu den Autoimmunerkrankungen gerechnet, wozu z.B. auch die chronische Polyarthritis zählt, die einige Gemeinsamkeiten mit der MS hat. Man könnte sagen, die Multiple Sklerose ist das Rheuma des Nervensystems. Seit mehr als 30 Jahren richten sich die Behandlungen der Multiplen Sklerose gegen den Entzündungsprozess. Die moderne Immuntherapie der MS ist eine Stufentherapie, die in Abhängigkeit von der Aktivität, der Dauer und des Verlaufes der Erkrankung gewählt wird. Bei der Auswahl der Immuntherapie ist der Wirkungsnachweis von entscheidender Bedeutung. Man unterscheidet verschiedene Stufen des Wirkungsnachweises. Verschiedene medikamentöse Behandlungsmöglichkeiten wurden in diesem Buch bereits beschrieben.

Die Zukunft der MS Therapie

In der nahen Zukunft liegt die Hoffnung in der individuellen, dem Verlauf und dem Stadium der Erkrankung angepassten Therapie. Maßstäbe für den Zeitpunkt des Beginns, der Dauer und des Mittels der Wahl müssen in naher Zukunft erarbeitet werden. Die Kombination der verschiedenen Immuntherapien, deren Wirkungsmechanismus sich ergänzt, ist eine Herausforderung für die klinische Forschung.

Während die bisherigen Immuntherapien vornehmlich auf den Entzündungsprozess gerichtet sind, zeigen neue Untersuchungen die Bedeutung des im Vordergrund stehenden Untergangs von Nervengewebe in den Stadien des chronischen Fortschreitens der Erkrankung auf Neue Therapien, die den Verlust der Nervenfasern und der Nervenzellen verhindern und das Nervenwachstum stimulieren, sind in der Entwicklung.

In der fernen Zukunft kann auf die Entschlüsselung der für den Verlauf der Erkrankung bedeutsamen Erbfaktoren gehofft werden, woraus sich therapeutische Konsequenzen ergeben könnten.

Der über viele Jahre vorhandene therapeutische Nihilismus in der Immuntherapie der MS ist abgelöst worden von der individuellen immunologischen Differentialtherapie, die aber noch nicht alle MS-Kranke erreicht. Öffentlichkeitsarbeit und Aufklärung sind nach wie vor notwendig um die Kranken, die Angehörigen, die behandelnden Ärzte und die Autoritäten des Gesundheitssystems für diese Fragen zu sensibilisieren, insbesondere in einer Zeit, wo die Kosten-Nutzen-Diskussion im Gesundheitswesen eine zunehmende Bedeutung gewinnt.

Priv.-Doz. Dr. med. K. Baum
Krankenhaus Hennigsdorf, neurologische Abteilung

Immunmodulatorische Behandlung der Multiplen Sklerose

Die schubförmige MS und die aus dieser Verlaufsform hervorgehende, sekundär progrediente MS gelten als *Autoimmunerkrankung*. Als Ausdruck einer Entgleisung des Immunsystems kommt es zu einer pathologischen Immunantwort gegen körpereigenes Gewebe; den primären Angriffspunkt bildet hierbei das Myelin.

(Myelin = aus Eiweiß und Fett bestehende Substanz zur Bildung der Markscheiden mancher Nervenfasern im zentralen und peripheren Nervensystems. Axon = Achsenzylinder, zentraler Teil des Nervenzellfortsatzes, über den die Impulse an andere Zellen weitergeleitet werden.)

Das vom Myelin umhülltes Axon - für die Signalübertragung zwischen den Nervenzellen von entscheidender Bedeutung - wird nach den Forschungsergebnissen der letzten Jahre jedoch in weitaus größerem Maße geschädigt, als lange Zeit angenommen wurde. Viele Indizien sprechen dafür, dass der Verlust von Axonen das Ausmaß der dauerhaften Behinderung wiederspiegelt.

Der *Verlauf schubförmiger MS-Patienten* ist einerseits durch eine fortschreitende Entgleisung des Immunsystems, andererseits durch eine Abnahme der Regeneration des Myelin (Remyelinisierung) gekennzeichnet. Hinzu kommt, dass das wahre Ausmaß der entzündlichen Aktivität im Gehirn 10 mal größer ist, als die Schubaktivität erkennen lässt.

Daraus resultiert, dass im Falle von schubförmig Neubetroffenen das Ziel einer *Korrektur des entgleisten Immunsystems* darin bestehen muss, die Erkrankung zu einem möglichst frühen Zeitpunkt zu stoppen, d.h., wenn die Diagnose mit Hilfe apparativer Untersuchungsbefunde als gesichert gelten kann. Die Ergebnisse zweier im Frühsommer 2000 bekannt gewordener Studien mit Beta-Interferonen legen diesen Schluss nahe.

Nicht nur für Neubetroffene, sondern auch für stärker betroffene MS-Patienten mit schubförmigem Verlauf, bilden die *Beta-Interferone* die *Basistherapie* der immunmodulatorischen Behandlungs-strategie.

Seit Ende 1995 sind nach umfangreichen Doppelblindstudien, die höchsten wissenschaftlichen Ansprüchen genügen, drei Beta-Interferon-Präparate in Deutschland zugelassen worden.

Diese verabreichten Medikamente als Spritzen, heilen die MS nicht, sie reduzieren aber bei vielen Patienten nachweislich die Krankheitsfolgen. Übereinstimmend sinkt die Schubhäufigkeit, zum Teil wird auch die Schwere der Schübe günstig beeinflusst. Das bei MS-Patienten messbare Ausmaß der Behinderung, der sogenannte Kurtzke-EDSS-Score, wird durch die meisten Beta-Interferon-Präparate günstig beeinflusst. Alle drei Präparate haben ihre Wirksamkeit auch kernspintomographisch unter Beweis gestellt, wenn auch in unterschiedlichem Maße.

Auch bei der *sekundär progredienten MS* liegt nach erfolgtem Wirksamkeitsnachweis die Zulassung des ersten Beta-Interferon-Präparates vor. Für ein zweites Präparat wurde der Zulassungsantrag gestellt. Bei dem für sekundär progrediente MS-Patienten zugelassenem Beta-Interferon konnte der Nachweis erbracht werden, dass auch das Ausmaß der axonalen Degeneration begrenzt wird.

Alle Beta-Interferone werden in der Regel gut vertragen. Grippeähnliche Nebenwirkungen lassen sich in der Einstellungsphase durch eine langsame Dosissteigerung und den vorübergehenden Gebrauch entzündungshemmender Medikamente im allgemeinen gut unterdrücken. Hautrötungen an den Spritzenstellen gehen bei der Mehrzahl der Patienten im Verlaufe der

Behandlung zurück. Patienten mit Beta-Interferonen müssen sich regelmäßigen Blutbild- und Leberwertkontrollen unterziehen.

Sprechen schubförmige MS-Patienten auf die Basistherapie mit Beta-Interferonen nicht an, kommen *Alternativpräparate* in Frage, auch wenn diese in Deutschland noch nicht offiziell zugelassen sind.

Glatirameracetat (Copolymer-1) hat ebenfalls immunmodulatorische Eigenschaften; dieses Präparat begrenzt die Schubhäufigkeit und das Fortschreiten der Behinderung; kernspintomographisch liegt ein Wirksamkeitsnachweis vor, wenn auch niedriger als bei den meisten Beta-Interferon-Präparaten. Glatirameracetat weist an Nebenwirkungen Hautrötungen an den Spritzenstellen und gelegentlich systemische Reaktionen nach Verabreichung der Injektionen (u.a. Beklemmungsgefühle) auf.

Eine weitere Alternative stellen *Immunglobuline* dar, die im allgemeinen alle vier Wochen als Infusionen verabreicht werden. Dieser Immunmodulator zeigt eine günstige Auswirkung auf die Schubhäufigkeit und den Behinderungsgrad. Kernspintomographisch lässt sich mangels Daten eine eindeutige Aussage derzeit nicht treffen. Auch bei diesem aus Blutprodukten gewonnenem Präparat können Nebenwirkungen auftreten, u.a. ist der Thromboseschutz zu beachten.

Zum *Azathioprin*, einer eher immunsuppressiven Substanz, fehlen weitgehend moderne Studien zur Wirksamkeit. Daher ist der Vergleich mit den bisher erwähnten Medikamenten der Basistherapie kaum möglich.

Bei trotz Basistherapie rasch fortschreitender MS wird noch im Jahr 2000 mit der Zulassung für *Mitoxantron als sogenannte Eskalationstherapie* gerechnet. Hier konnte mit einer Doppelblindstudie ein Wirksamkeitsnachweis klinisch wie auch kernspintomographisch erbracht werden. Diese Behandlung sollte spezialisierten MS-Zentren vorbehalten bleiben. Mitoxantron ist ein Immunsuppressivum, das wegen herzmuskelschädigender Nebenwirkungen nur eine begrenzte Zeit (bis zu 3 Jahren) verabreicht werden kann.

Für *primär chronisch progrediente MS-Patienten* liegen bisher im Rahmen der Immunmodulation keine zulassungsrelevanten Studien vor.

Seit Frühjahr 1999 gelten für die deutschsprachigen Länder als Ergebnis einer Consensusgruppe aus MS-Spezialisten *einheitliche Therapieempfehlungen.* - Mit der fortlaufend verbesserten, immunmodulatorischen / immunsuppressiven Therapie steht für die meisten MS-Patienten ein kausal orientierter Behandlungsansatz zur Verfügung. Derzeit durchläuft eine neue Generation von immer gezielter in das Immunsystem eingreifenden Präparaten die klinischen Testreihen.

Priv.-Doz. Dr. med. Thomas-Martin Wallasch,
Ärztlicher Leiter und Chefarzt für Neurologie im ZaR

Ambulant / teilstationäre Rehabilitation Rehabilitation der neuen Art für Patienten mit Multipler Sklerose

Für viele Patienten mit MS ist nach einem Aufenthalt im Krankenhaus oder im Verlauf der Erkrankung eine Rehabilitationsbehandlung zur Wiederherstellung oder Besserung der Krankheitsfolgen notwendig. Bei der Suche nach einer geeigneten Therapieeinrichtung kann der Patient heute zwischen einer Vielzahl stationärer Rehabilitationskliniken wählen. Viele Patienten wünschen jedoch, nach einem längeren Krankenhausaufenthalt wieder in den Kreis der vertrauten Familie zurückzukehren, haben Familienangehörige zu versorgen oder sonstige persönliche Gründe, um den Genesungsprozess zu Hause fortzusetzen. Wer bislang zu Hause rehabilitiert werden wollte, hatte es schwer. Entweder waren wohnortnah keine Therapeuten (Logopäden, Krankengymnasten, Sport- und Ergotherapeuten) ansässig oder der Patient musste weite Wege zu den einzelnen Praxen auf sich nehmen. Ganz zu schweigen von der Hilfe bei der Krankheitsbewältigung oder der Lösung sozialer Probleme. So gibt es neben der „klassischen" vollstationären Rehabilitation, die auch im Zuge steigender Gesundheitskosten ihre Berechtigung und Indikation behalten wird, seit Oktober 1996 in Berlin und im Aufbau auch in Hamburg, die Möglichkeit, eine ambulant / teilstationäre Rehabilitationsbehandlung wahrzunehmen. Mit dem ZaR, Zentrum für Rehabilitation, ist im Bezirk Mitte von Berlin ein neues Rehabilitationszentrum mit 50 neurologischen Tagesplätzen und 110 Plätzen für Patienten mit orthopädischen Leiden entstanden. In der neurologischen Abteilung werden schwerpunktmäßig Patienten mit Multipler Sklerose behandelt aber auch mit anderen neurologischen Erkrankungen (z.B. Schlaganfall, Schädelhirntrauma, chronische Schmerzerkrankungen, Nervenverletzungen oder Parkinson Syndrom).

Ich habe ein spezielles Konzept für die Multiple Sklerose Patienten entwickelt. Dabei erhalten hier Patienten ein medizinisches Therapieangebot, wie es bisher in seiner Vielfältigkeit nur im stationären Bereich vorzufinden war. Das Konzept setzt sich aus verschiedenen, aufeinander abgestimmten Angeboten zusammen:

Die Ärzte im ZaR sind für die ärztliche Betreuung und Überwachung des Rehabilitationsprozesses verantwortlich. Ergeben sich orthopädische, internistische oder neuro- urologische Fragestellungen, so stehen entsprechende Fachärzte zur konsiliarischen Betreuung zur Verfügung. Aber auch Probleme in der Krankheitsbewältigung und Beratung gehören zu ihren Aufgaben. Im Zentrum für ambulante Rehabilitation werden die modernsten Pharmakotherapien, wie z. B. eine Behandlung mit Beta- Interferon durchgeführt.

In der Regel kommen die Patienten für 4 bis 6 Stunden über einen Behandlungszeitraum von ca. 4 Wochen in das ZaR. Am Nachmittag verlassen sie die Einrichtung wieder und haben dann die Möglichkeit das Erlernte sofort zu Hause umzusetzen. Soziale und familiäre Bindungen bleiben ungestört bestehen. Durch die täglichen „Hausaufgaben“ werden die Familienangehörigen in die Lage versetzt, den Therapieprozess mitzuverfolgen und daran teilzunehmen. Für sie besteht auch die Möglichkeit, bei den Therapiemaßnahmen im ZaR anwesend zu sein. Der Hausarzt, oder der niedergelassene Neurologe, der den Patienten gut kennt, bleibt durch die intensive Zusammenarbeit mit den Ärzten des ZaR's in den Behandlungsprozess eingeschlossen. Das therapeutische Team steht unter ärztlicher Leitung und besteht aus Physio-, Sport- und Ergotherapeuten, Logopäden, Psychologen. Diätassistenten sowie Sozialarbeitern.

Die Krankenschwestern des ZaR sorgen sich um die pflegerischen Bedürfnisse und bringen z. B. dem Patienten die Selbstinjektion mit Beta-Interferon bei.

Sozialmedizinische Probleme, wie berufliche Wiedereingliederung oder berufliche Rehabilitationsmaßnahmen werden von Ärzten und Sozialarbeitern gemeinsam angegangen. Durch eine gezielte regionale Vernetzung (Vertragskrankenhaus und Betriebsärzte, örtliche Gesundheitsversorgung, Selbsthilfegruppen), sollen langfristige Rehabilitationserfolge gesichert werden.

Der Einrichtungsstandard des ZaR entspricht dem einer modernen Rehabilitationsklinik. Bewegungsbad und Gerätschaften für die gesamte medizinische Trainingstherapie stehen genauso zur Verfügung wie computergestützte Systeme zur Diagnostik und Therapie von Hirnleistungsschwächen. Auch existiert ein Hol- und Bringdienst. So stellt ein Rollstuhlpatient kein Handikap für die ambulant / teilstationäre Rehabilitation dar.

Für ein ambulant / teilstationäres Rehabilitationszentrum sind die Patienten und Angehörigenberatung sowie die Zusammenarbeit mit Selbsthilfegruppen das „A und O". So finden regelmäßig Infoveranstaltungen zu Krankheitsverlauf und Krankheitsbewältigung der Multiplen Sklerose und anderer neurologischen Erkrankungen statt („Neurocafé"). Während der Rehabilitation oder in der Selbsthilfegruppe sind Kleingruppenaktivitäten („positives Denken, Sorgensprechstunde") angesagt. Auch treffen sich die Ärzte mit Krankenkassenvertretern, um notwendige Hilfen zu besprechen. Im ZaR treffen sich regelmäßig Patienten verschiedener Selbsthilfegruppen.

Eine wesentliche Aufgabe der ambulant/ teilstationären Rehabilitation liegt auch in der sozialen Beratung und der beruflichen Wiedereingliederung. Durch den wohnortnahen Charakter fällt diese lebensnahe Hilfe deutlich leichter als in der stationären Rehabilitationsklinik weit weg von zu Hause. So finden im Rehabilitationszentrum regelmäßig Beratungsstunden zur sozialen Absicherung, Schwerbehindertenrecht, etc. statt, wie auch zu Beförderungsmöglichkeiten (Telebus) oder Pflege- und Wohnangeboten für Betroffene. Wenn nötig wird mit dem Arbeitgeber über eine Arbeitsanpassung oder eine berufliche Wiedereingliederung (z. B. nach dem Hamburger Modell) gesprochen.

Die Aufnahmevoraussetzungen sind die Rehabilitationsfähigkeit und die Motivation der Betroffenen. Patienten müssen soweit mobil und belastbar sein, dass sie mehrere Stunden (mit Pausen) täglich die therapeutischen Anwendungen wahrnehmen können. Dabei sollte die häusliche Versorgung gewährleistet sein. Für Patienten, die das ZaR aus medizinischen Gründen nicht mit öffentlichen Verkehrsmitteln erreichen können, steht ein Hol- und Bringdienst zur Verfügung.

Die Überweisung in das ZaR erfolgt entweder aus der vorbehandelnden Klinik (z. B. im Rahmen einer Anschlussheilbehandlung), oder über den Hausarzt oder den Kostenträger selbst (Rentenversicherer, private gesetzliche Krankenkassen, Berufsgenossenschaften). - Nach ausführlicher ärztlicher Aufnahme wird der Patient im Rehabilitationsteam vorgestellt und ein individueller Behandlungsplan erstellt. Bei der Terminplanung können auch wichtige private Termine des Patienten berücksichtigt werden. Die Dauer der Behandlung beträgt in der Regel zwischen 3 und 4 Wochen, in Einzelfällen können aber auch Behandlungen über mehrere Monate durchgeführt werden. Der Zugang in das ZaR ist nur durch eine Bewilligung des zuständigen Leistungsträgers möglich.

Sonja Wierk, Bremerhaven

„Natur und Medizin“ Erfahrungsheilkunde SOWI bei MS

Die zunehmende Komplexität des aktuellen Wissens der Menschheit und die damit wachsende Aufgabe, dieses Wissen auch sinnvoll zu beherrschen, stellt sich innerhalb der Medizin beispielhaft am Immunsystem dar.

Die anstehenden Aufgaben scheinen sowohl wegen ihrer quantitativen als auch wegen ihrer qualitativen Größe neue Lösungswege notwendig zu machen.

Die wissenschaftlichen nachweisbaren Einflüsse imaginativer Technik auf das Immunsystem, der unterstützende, erfolgreiche Einfluss durch gelenkte Imagination bei der Krebsbekämpfung lassen erkennen, welchen bedeutenden Einfluss unsere Vorstellungskraft auf den Krankheitsverlauf und die Wiederherstellung sowie die Erhaltung der Gesundheit haben.

Gedanken, Vorstellungen, innere Bilder und die begleitenden Gefühle – und diese in geschlossener Aufmerksamkeit und Bewusstheit – sind in der SOWI Therapie wesentliche Wirkelemente. Mit ihrem Erfolg in ihrem MS – Krankheits- und Besserungsverlauf ist hier ein Beispiel gegeben:

Biographie meines Krankheits- und Gesundungsverlaufs

Darstellung des Ausgangszustandes der MS, von dem aus die schrittweise Besserungen „erarbeitet" wurden.

Meine Arbeit begann unmittelbar vor über 10 Jahren mit dem Kennenlernen der Lehre des Physikers und Naturforschers Feldenkrais, der Feldenkrais – Methode.

Seine Idee, seine Erkenntnisse waren Grundlage für das, was mir ein neues Lebensgefühl gab und mir in unermüdlicher Gedankenarbeit den Weg wies. Den Weg heraus aus einem bereits weit fortgeschrittenen Zustand der „MS".

Heraus aus diesem hochgradigen Lähmungs- und Taubheitsgefühl, durchdrungen von eisiger Kälte, von unerträglichem Verbrennungsschmerz, kaum noch irgendeiner Bewegung fähig, mit schweren Seh-, Hör-, Sprach- und Schluckschwierigkeiten – nahm ich einen harten, einen unerbittlichen Kampf auf, in dem ich mich nicht beirren ließ. Denken konnte ich ja – in der Seele empfinden; nur das Umsetzen gelang mir nicht mehr!

Kein Teil meines Körpers, meiner Organe reagierte noch. Die Nerven machten mit ihm, mit mir, was sie wollten; sie machten geradezu das unerbittliche Gegenteil und erzeugten damit eine hochgradige seelisch- psychische Belastung, die sich jeweils spürbar auf das Gesamtbefinden auswirkte. Ein rollendes Rad, das einfach nicht zum Stillstand gebracht werden konnte.

Und da erkannte ich nun, wie ich mein Verhalten verändern musste und warum es so wie bisher nicht ging. Der Faden zwischen Denken und Motorik war gerissen, und scheinbar durch nichts war dies zu reparieren oder zu erneuern. Ein Körper voller Verkrampfungen, ein Nervennetz voller Hochspannung, wie konnte da ein Leitsystem noch funktionieren!

Jeder Gedanke, jede gewollte oder gesollte Bewegung, jeder Unruhefaktor in meinem Lebensraum, löste zusätzlichen Spasmus aus, ließ den Körper erzittern und durchzucken und das noch eine ganze Weile während meines Veränderungs- und Umwälzungsprozesses.

Ich zog den Vergleich zwischen MS und Elektrizität:
Überspannte Leitungen > Kurzschluss > keine Leitfähigkeit.

In diesem wechselhaften Zustand befand ich mich also. Zwischen Hoch- und Überspannung und totalem Kraftausfall. Oft nicht in der Lage, auch nur einen Ton aus meiner Kehle hervorzubringen. Nicht fähig irgendwelcher Bewegung.

Ein wahnsinniger Zustand totaler Lähmung, und mir blieb nichts anderes übrig, dieses alles zu ertragen in aller Geduld, um es nicht noch zu verschlimmern.

Bisherige Behandlungen waren darauf ausgerichtet, den Tonus zu kräftigen, doch die Spannungen in mir wurden immer mehr und unerträglicher. Es entwickelte sich eine starke innere Abwehr gegen all das, was ich mit mir, was mein Körper mit mir tun wollte. Spasmus!

Die Nerven wollten und konnten nichts mehr zulassen. Alles wehrte sich gegen mich selbst.

Ich nahm diesen Zustand in meiner Therapie auf, lockerte den Spasmus aus dem Körper heraus und nutzte seine Kraft. So gelang es mir, mein geballtes Spannungsfeld in Bewegung zu bringen und zu entladen. Ich schlug nun einen völlig gegenteiligen Weg der Behandlung ein.

Über einen gedanklich spannungslosen Zustand leitete ich aus der reinen Vorstellungskraft Bewegungen ein, nachdem ich zuvor durch wiederholtes „An-Denken“ hin zu meinem Körper, zu all seinen Teilen, Verbindungen wiederherstellte, eine Art „Neuverkabelung“. Intensive Wiederholungen dieser gezielten Gedankengänge, die sich auf meinen Körper oder die Organe bezogen, wurden spürbar und mit dieser Wahrnehmung, entwickelten sich sauber und schön nun tatsächlich Bewegungen, Bewegungsübungen.

Es war, so erkannte ich, ein fehlerloses Programm einzuüben, denn jede, auch die kleinste gedachte oder notwendige Bewegung musste neu erlernt und eingeübt werden. Meine Erfahrungen lehrten es mich und ich musste wieder den Vergleich zur Elektrizität/Technik, hier zum Computersystem, heranziehen, *wo ein Signal Fehler in der Speicherung nicht zulässt.*

Ebenso reagiert unsere Psyche als Kontroll- und Warnsystem. Es zeigt uns prompt Fehler an, weist auf den Grundgedanken zurück, um ihn neu aufzunehmem, zu beobachten und dadurch einen klaren Funktionsablauf zu lernen.

Zuerst heißt es Sicherheit aufbauen in uns, mit uns. Uns erfühlen, ertasten, in- und auswendig. Ein Verhältnis zu uns selbst entwickeln über alle Möglichkeiten des Fühlens. Mit Händen und Armen, mit Füßen und Beinen, mit dem ganzen Körper. Kontakt, Berührung - wahrnehmen, beobachten - und unser Empfinden mit klaren Gedanken, mit klarem Wort unserem Gehirn mitteilen. Immer wieder fühlen und wahrnehmen, mit den Augen und mit den Gedanken.

Setze den Gedanken, das Wort, zunächst als „Wunschgedanken", damit es dir von deinem Gehirn über deinen Körper als Empfindung zurückgegeben wird, als Beweis sauberer Gehirnfunktion.

Nur über das Fühlen sind unsere Nerven bereit und lernfähig, mit uns in den Lernprozess einzusteigen.

Das alles ist ein wunderbares Erlebnis.

„Fühlen ist das oberste Gebot für mich, der erste Sinn, die leichteste Art des Denkens". Ich fühle mit dem Denken, denke mit dem Fühlen, die Wahrnehmung, die Sinnesempfindungen sind Entspannung für mich, in und mit Bewegung, das ist Lebensgefühl, Leben.

In der Ruhe bleiben müde Nervenzellen starr, machen uns immer träger, immer schwächer und schwerer.

Die Masse der über die gedanklich eingeleiteten, angenehmen Bewegungsmöglichkeiten reizt unsere Nervenzellen und lässt sie neu aufleben. So lässt sich leicht ein Lernprogramm für diese jungen, sensiblen Nervenzellen erstellen. Wir müssen sie in die Schule nehmen.

Mit dieser Art von Therapie bauen wir Spannungen ab, lösen Verkrampfungen in Körper und Seele. Sie lässt Durchblutung, Erleichterung, Kräftigung und Muskelbewegungen zu

Über Gedankenkraft zu Nervenkraft, über Nervenkraft zu Körperkraft. Über Wahrnehmungs- und Erfolgserlebnis wird unsere Psyche positiv beeinflusst. Über unser Körper- und Lebensgefühl, über Sinn und Zweck der Statik und das Wissen darüber erlernen wir, unseren Körper aufzurichten und ihn aufrecht zu halten, ihn mühelos und ohne Anstrengung fortzubewegen. Sicherheit aufbauen in und um uns in allen Bereichen.

Wenn ich meinen Körper nicht kenne, kann ich ihn nicht aufrichten. Bevor ich gehen will, fühle ich erst, ob ich sicher auf den Füßen stehe, auf sicherem Boden.

Nach diesen Richtlinien baue ich meine Therapie, meine Lernprogramme auf.

Meine Devise: *Den Verstand mit dem Gefühl, das Gefühl mit dem Verstand in Einklang bringen.* Deine Körperhaltung, deine Ausstrahlung sind Spiegel deiner Seele, auch Spiegel: Deines Gesundheits- bzw. Deines Persönlichkeitszustandes, Deiner Ausstrahlung und Wirkung auf andere. Die Ausstrahlung „anderer“ und ihre Wirkung auf dich.

Es steht einem jeden in jeder Gesellschaft frei, diesen Weg zu erlernen, um ein gesundes Verhältnis zu sich und seinen Körper zu entwickeln oder zu erhalten.

Nachweisbare Erfolge beweisen die Richtigkeit der SOWI - Therapie.

Zusammenfassung:

Die SOWI – Therapie ist in dem Bereich Natur und Medizin, der *Erfahrungsheilkunde* zuzuordnen.

Durch bewusstes Ansprechen des eigenen Körpers erfolgen Besserung und Wiederbelebung von Bewegungsfunktionen. Die Wirkungsweise erfolgt auf dem Wege mental und bewusst durchgeführter Übungen, die sich unmittelbar auf den eigenen Körper beziehen; sie muss vom Betroffenen selbst umgesetzt werden. Die SOWI Therapie erfordert Eigenverantwortung, den eigenen Einsatz an sich selbst und ein *vorausgehendes Erlernen einer höheren Sensibilität des eigenen Körpers.*

Der Königsweg! *Der Weg über das Bewusstsein in Bewusstsein zum Unterbewusstsein.*

Durch die bewusste Hingabe zum eigenen Körper, durch das „Ansprechen“ bzw. „Rufen“ des Körpers, wie es Sonja Wierk nennt, wird der Kontakt zum Unterbewusstsein aufgenommen.

An-Denken bzw. Ansprechen des Körpers mit klaren, eindeutigen Gedanken, begleitet von einem möglichst intensiven Gefühl, z.B. eines sich entspannenden Muskels.

Bei diesen Übungen ist es unbedingt erforderlich *„Präsent zu sein“* und keine Ablenkung zuzulassen.

Sie sollen mit einem ruhigen, tiefen Atmen begleitet werden, wie im autogenen Training: „Es atmet mich“. Bewegungen die eingeschränkt oder gar nicht mehr möglich sind, können in der Vorstellung durch vielfache Wiederholung eingeübt werden.

Das Unterbewusstsein wird reagieren, allerdings zu einem nicht vorhersehbaren Zeitpunkt.

„Es ist wie ein Abenteuer, seinen Körper Stück für Stück neu wiederzuentdecken und zu beobachten, wie willig und freudig er antwortet und mitarbeitet, sobald man ihm die gebührende Zuwendung schenkt und mit ihm zusammenarbeitet. Heute bin ich in der Lage, mich wieder völlig frei zu bewegen."

Christa Liepach und Marianne Boneß – Atemtherapeutinnen

Atemarbeit mit MS-Betroffenen nach Ilse Middendorf

Erfahrbarer Atem. Der Atem ist nicht nur zum Luftholen da, er ist unsere wichtigste Energiequelle. Mit allen Funktionen des Körpers verknüpft, reagiert er auf Einflüsse von innen und außen im Schrecken stockt uns der Atem, vor Freude können wir aufatmen. Wie erlebe ich meinen Atem? Ist er rastlos oder verhalten, bin ich innerlich angespannt, was kommt zum Ausdruck?

Über Dehnung, Druckpunkte und Vokalatemraumarbeit werden die Gesetzmäßigkeiten des Atems entdeckt und erfahren. Bewegungsübungen, Anregungen und stille Spürbar verhelfen dem Atem, ursprünglich zu entstehen, Verspannungen zu lösen, Körpergegenden zu erschließen. Wir können so tiefer und gelassener atmen. Die Empfindungsfähigkeit für den eigenen Körper entwickelt Selbst-Vertrauen, das in der Arbeit stetig wächst. - Muskulatur, Gelenke, Organe können entspannen, die Durchblutung wird angeregt. *Wir bekommen Empfindungen für die eigene Haltung, die eigenen Bedürfnisse, das eigene Maß.* Bei Stress, Nervosität, Erschöpfung, körperlichen Beschwerden und Stimmungsschwankungen ist der Atem wirksam und wohltuend. - Die Arbeit in der Gruppe findet vorwiegend im Sitzen auf Hokkern, im stehen, Gehen oder Liegen statt. Im Einzelunterricht kann individuell auf die eigene Person eingegangen werden. - Ziel

der Atemarbeit ist es, Einfluss auf den ganzen Menschen zu nehmen, seine körperlichen, seelischen und geistigen Anteile.
Es steht nicht das Kranksein im Mittelpunkt, sondern es wird der gesunde Bereich unterstützt, bisher ungelebte Fähigkeiten werden erschlossen und stärken den Menschen in seinem ganzheitlichen Sosein. Der MS-Betroffene lernt, seine Erkrankung leichter zu tragen.
Mit Hilfe der Atemarbeit lernen wir zunächst wieder unser ursprüngliches Gähnen. Im Gähnvorgang erleben wir unseren tiefsten Atemzug. Gerade das Dehnen bis in die Finger und Fußspitzen lässt dieses Gähnen entstehen.
Seufzen, stöhnen, ächzen, räkeln und tönen sind natürliche Ausdrucksformen, die uns von Anspannung befreien, und verdrängte Gefühle zum Ausdruck bringen.
Kindlich, neugierig, animalisch (ohne zu denken) begrüßen wir den Atem, lassen ihn entstehen, wie er möchte, ohne Anstrengung oder Leistung lassen wir dem Atem Flügel wachen.
Wir lernen unseren Körper kennen, nehmen einzelne Gegenden wahr wie Rücken, Brust, Bauch, Füße, Gelenke und Organe etc. und durch das Auflegen der Hände können wir entdecken, wo der Atem uns durchflutet und wo er nicht durchgelassen werden kann. Die Berührung über die Hände (auch die eigenen) als Nahrung der Seele lässt den Atem aufblühen.
Wichtig für den MS-Betroffenen ist, dass die Übungen den Bedürfnissen des Einzelnen entsprechen, sodass es nicht zu einer Überforderung kommt. Dieses gilt vor allem für den Menschen im Rollstuhl. Nachlassende Leistungen können rechtzeitig erkannt, und mit gezielten Atemübungen aufgefangen werden.
Durch das vielfältige und individuelle Übungsangebot im Erfahrbaren Atem lernt der Mensch, das Haltung und in enger Wechselbeziehung stehen, und dass Aufrichtung auch im Rollstuhl möglich ist.

Über spielerische Angebote kann die Stimme sich entfalten und wachsen und im Alltag mehr zum persönlichen Ausdruck verhelfen.

Anschriften

Deutsche Multiple Sklerose Gesellschaft
Bundesrepublik Deutschland
Vahrenwalder Straße 205-207, 30165 Hannover
Tel. 0511-96834-0, Fax 0511-9683450
e-mail: dmsg@dmsg.de http://www.dmsg.de

Österreichische Multiple Sklerose Gesellschaft
Dachverband, c/o Neurologische Universitätsklinik
Lazarettgasse 14
A-1090 Wien
Tel. 222/48003132 Oder 222/48003094/95o

Schweizerische Multiple Sklerose Gesellschaft (SMSG)
Zentralsekretariat
Brinerstraße 1
CH-8036 Zürich
Tel. 01/4614600

Bundesrepublik Deutschland – Landesverbände:

Amsel Aktion Multiple Sklerose Erkrankter
Landesverband der DMSG Baden-Württemberg e.V.
Regerstraße 18, 70195 Stuttgart
Tel. 0711-69786-0, Fax 0711-6978699 e-mail: amsel@dmsg.de

Deutsche Multiple Sklerose Gesellschaft
Landesverband Berlin e.V.
Knesebeckstraße 3, 10623 Berlin
Tel. 030-313 06 47, Fax 030-312 66 04
e-mail: dmsg-berlin@dmsg.de

Der Landesverband Berlin, dessen Mitglied Frau Kitter ist, berät und betreut MS-Betroffene und deren Angehörige, bietet vielfältige Informationsveranstaltungen, Gesprächsgruppen sowie Kurse in Körpertherapien an und unterstützt Selbsthilfegruppen in den Bezirken.

DMSG, Landesverband Brandenburg e.V.
Jägerstraße 17-18, 14467 Potsdam
Tel. 0331-29 26 76, Fax 0331-2 80 01 46
e-mail: dmsg-brandenburg@dmsg.de

DMSG, Landesverband Bremen e.V.
Fedelhören 44, 28203 Bremen
Tel. 0421-32 66 19, Fax 0421-32 40 92
e-mail: dmsg-bremen@dmsg.de

DMSG, Landesverband Hamburg e.V.
Eppendorfer Weg 154, 20253 Hamburg
Tel. 040-422 44 33, Fax 040-422 44 40
e-mail: dmsg-hamburg@dmsg.de

DMSG, Landesverband Hessen e.V.
Wittelsbacherallee 86, 60385 Frankfurt am Main
Tel. 069-40 58 98-0, Fax 069-40 58 98 40
e-mail: dmsg-hessen@dmsg.de

DMSG, Landesverband Mecklenburg-Vorpommern e.V.
Postfach 150130, 19031 Schwerin 90
Anne-Frank-Str. 47, 19061 Schwerin
Tel./Fax 0385-3 92 20 22, zus. Tel. 0385-394 11 39
e-mail: dmsg-mecklenburg-vorpommern@dmsg.de

DMSG, Landesverband Niedersachsen e.V.
Herrenhäuser Kirchweg 14, 30167 Hannover
Tel. 0511-70 33 38, Fax 0511-70 89 81
e-mail: dmsg-niedersachsen@dmsg.de

DMSG, Landesverband Nordrhein-Westfalen e.V.
Kirchfeldstraße 149, 40215 Düsseldorf
Tel. 0211-9 33 04-0, Fax 0211-31 20 19
e-mail: dmsg-nrw@dmsg.de

DMSG, Landesverband Rheinland-Pfalz e. V.
Hindenburgstraße 32, 55118 Mainz
Tel. 06131-60 47 04, Fax 06131-60 49 30
e-mail: dmsg-rheinland-pfalz@dmsg.de

DMSG, Landesverband Saar e.V.
Richerd-Wagner-Straße 62, 66111 Saarbrücken
Tel. 0681-379 10-0, Fax 0681- 379 10-16
e-mail: dmsg-saarland@dmsg.de

DMSG, Landesverband Sachsen e.V.
Borsbergstraße 12, 01309 Desden
Tel. 0351-4 59 33 81, Fax 0351-4 41 60 81
e-mail: dmsg-sachsen@dmsg.de

DMSG, Landesverband Sachsen-Anhalt e.V.
Taubenstraße 4, 06110 Halle
Tel. 0345-2 02 98 31, Fax 0345-2 02 98 36
e-mail: dmsg-sachsen-anhalt@dmsg.de

DMSG, Landesverband Schleswig-Holstein e.V.
Beseler Allee 57, 24105 Kiel
Tel. 0431-56 48 91, Fax 0431-56 91 72
e-mail: dmsg-schleswig-holstein@dmsg.de

DMSG, Landesverband Thüringen e.V.
Haus 1, Zittauer Straße 27, 99091 Erfurt
Tel. 0361-7 10 04 60, Fax 0361-7 10 04 61
e-Mail: dmsg-thüringen@dmsg.de

Klinikverzeichnis für Neurologie - Multiple Sklerose

Universitätskliniken
Fachkliniken und neurologische Abt. mit Zulassung nach § 108 SGB V und Zulassung nach § 111 SGB V
Rehabilitationskliniken mit Zulassung nach § 111 SGB V
Die folgende Aufstellung enthält die Adressen uns bekannter MS-Spezial-Kliniken und Kliniken mit neurologischen Abteilungen sowie Rehabilitations-Kliniken in der Bundesrepublik Deutschland. Diese Liste erhebt weder Anspruch auf Vollständigkeit, noch stellt sie eine Empfehlung dar. Interessenten bitten wir, nähere Informationen z.B. über die behindertengerechte Ausstattung, das Therapieangebot und Eignung für bestimmte MS-Krankheitsverlaufsformen bei den Kliniken direkt einzuholen.

Universitätsklinikum, Carl Gustav Carus /TU, Fetscherstaße 74, 01307 Dresden, Fon: 0351-458-0

Universitätsklinikum, Charite - Neurologie, Schumannstraße 20-21, 10117 Berlin-Mitte, Fon: 030-2802-0

Universitätsklinikum, Christian Albrechts/UNI, Brunswiker Str. 10, 24105 Kiel, Fon: 0431-597-0

Medizinische Hochschule, Hannover, Carl-Neuberg-Str. 1, 30625 Hannover, Fon: 0511-532-0

Städtische Kliniken GmbH, Mönchebergstr. 41-43, 34125 Kassel, Fon: 0561-980-0

Universität Göttingen, Robert-Koch-Str. 40, 37075 Göttingen /Niedersachsen, Fon: 0551-307 87 31

Universitätsklinik, Knappschaftskrankenhaus, In der Schornau 23 -25, 44892 Bochum, Fon: 0234-299-0

Universitätsklinik Homburg-Saar, 66421 Homburg/Saar, Fon: 06841-16-0

Universitätsklinikum Würzburg/Luitpoldkrankenhaus, Josef-Schneider-Str, 97080 Würzburg, Fon: 0931-201-0

Klinik Schloß Pulsnitz Rehabilitationszentrum, Wittgensteiner Str., 01896 Pulsnitz, Fon: 035955-5-0

Carl-Thiem-Klinikum Klinik für Neurologie, Thiemstraße 111, 03048 Cottbus, Fon: 0355-46-0

Städtisches Krankenhaus Martha-Maria/Halle-Dölau, Fährstraße 4, 06114 Halle,Saale, Fon: 0345-52426-0

Wald-Klinikum Gera GmbH Klinik für Neurologie, Str.d.Friedens 122, 07548 Gera, Fon: 0365-828-0

Krankenhaus am Friedrichshain,
Landsberger Allee 49, 10249 Berlin, Fon: 030-4221-0

Universitäts-Klinikum Benjanin-Franklin,
Hindenburgdamm 30, 12200 Berlin, Fon: 030-3976-0

Klinikum Berlin Buch Neurologie, Hobrechtsfelder Chaussee,
13125 Berlin - Buch , Fon: 030-9401-0

Jüdisches Krankenhaus Neurologie,.
Heinz-Galinski-Str.1, 13347 Berlin, Fon: 030-4904-1

Krankenhaus Spandau Lynarstraße-Neurologie,
Neue Bergstraße 6, 13578 Berlin, Fon: 030-3387-0

Schlosspark Klinik Neurologie,
Heubnerweg 2, 14059 Berlin, Fon: 030-3264-0

St.Josefs-Krankenhaus Neurologie,
Allee nach Sanssouci 7, 14471 Potsdam, Fon: 0331-9682-0

Klinikum Frankfurt / Oder, Müllroser Chaussee 7,
15236 Frankfurt - Oder, Fon: 0335-548-0

Humaine Klinikum Bad Saarow, Pieskower Str. 33,
15526 Bad Saarow-Pieskow, Fon: 033631-7-0

Landesklinik Neurologie/Teupitz,
Buchholzer Str.21, 15755 Teupitz, Fon: 033766-66-0

Landesklink Neurologie/Lübben, Luckauer Str. 17,
15907 Lübben (Spreewald), Fon: 03546-29-0

Landesklinik Neurologie/Eberswalde,
Oderberger Str. 8, 16225 Eberswalde, Fon: 03334-53-0

Ruppiner Kliniken GmbH Neurologie,
16816 Neuruppin, Fehrbelliner Str. 38, Fon: 03391-39-0

Krankenhaus Abt. Neurologie,
Marwitzer Str. 91, 16761 Henningsdorf, Fon: 03302-545-0

Klinikum Neubrandenburg Neurologie, Salvador-Allende-Str. 30, 17036 Neubrandenburg (Meckl.), Fon: 0395-775-0

AK St. Georg Neurologie,
Lohmühlenstr. 5, 20099 Hamburg, Fon: 040-2890-11

AK Wandsbek Neurologie,
Alphonsstr. 14, 22043 Hamburg, Fon: 040-6576-0

Albertinen-Krankenhaus Neurologie,
Süntelstr. 11a, 22457 Hamburg, Fon: 040-5588-1

Segeberger Kliniken GmbH Neurologie,
Am Kurpark 1, 23795 Bad Segeberg, Fon: 04551-802-0

Ostseeklinik Damp2000, Neurologie,
Postfach 2000, 24351 Damp, Fon: 04352-80-6001

Ammerland Klinik Neurologie,
Langestr. 38, 26655 Westerstede, Fon: 04488-50-0

Zentralkrankenhaus Bremen–Ost / Neurologie,
Züricher Str. 40, 28323 Bremen, Fon: 0421-408-0

Klinikum Hannover Neurologie / Nordstadt,
Haltenhoffstr.41, 30167 Hannover, Fon: 0511-970-0

Klinikum Flachheide,
Forsthausweg 1, 32105 Bad Salzuflen, Fon: 05222-398-0

Hardtwaldklinik Neurologische Akutklinik,
Haerdtstr. 31, 34596 Bad Zwesten, Fon: 05626-87-800

Klinikum Weilmünster GmbH,
Weilstr. 10, 35789 Weilmünster, Fon: 06472-60-0

Weserbergland Klinik Neurologie,
Grüne Mühel 90, 37669 Höxter, Fon: 05271-98-0

Asklepion Kliniken Schildautal /Neurologie,
Karl-Herold-Str. 1, 38723 Seesen, Fon: 05381-74-0

Salus GmbH Neurologische Klinik,
Kraepelinstr. 5, 39599 Uchtspringe, Fon: 039325-70-0

Neurologisches Therapiezentrum gem. GmbH,
Hohensandweg 37, 40591 Düsseldorf, Fon: 0211-7816-0

Augustahospital Anholt,
Augustastr. 8, 46419 Isselburg, Fon: 02874-46-0

Josef-Krankenhaus Abt.Neurologie,
Asberger Str. 4, 47441 Moers, Fon: 02841-107-1

Kamillus-Klinik MS-Klinik,
Hospitalstr. 6, 53567 Asbach, Fon: 02683-59-0

Fachklinik Rhein-Mosel Andernach,
Vulkanstr. 58, 65626 Andernach, Fon: 02632-407-0

Schlossberg-Klinik Witttgenstein,
Schloßstr. 40, 57334 Bad Laasphe, Fon: 02752-101-0

Klinik Dr. Evers,
Lindenstraße 2, 59846 Sundern, Fon: 02935-8070

Sauerland-Klinik Hachen,
Siepenstr. 44, 59846 Sundern, Fon: 02935-808-0

Städtische Kliniken Offenbach,
Starkenburgring 66, 63069 Offenbach, Fon: 069-8405-0

Klinikum Darmstadt Klink für Neurologie, Heidelberger Landstr. 379, 64297 Darmstadt, Fon: 06151-107-0

Bürgerhospital Neurologische Klinik,
Tunzhofer Str. 14-16, 70191 Stuttgart, Fon: 0711-253-00

Neurologische Klinik Dr.Selzer, Murgtalstraße 656,
72270 Baiersbronn - Schönmünzach, Fon: 07447-27-0

Rommel-Klinik GmbH Baetzner Str. 96, 75323 Bad Wildbad,
Fon: 07081-171-0

Die Rommel-Klinik befaßt sich bereits über zwei Jahrzehnte mit der Behandlung von Patienten mit MS. Dabei konnten die physiotherapeutischen Möglichkeiten der Einzelbehandlung dieses Krankheitsbild ständig der aktuellen Entwicklung in der Neurologie angepaßt werden. Die medikamentöse Therapie entspricht dem heutigen Stand einschließlich Immunsuppresiva und Interferone. Die heute gängigen Behandlungsmethoden auf neurophysiologi-scher Grundlage, allen voran die Konzepte nach Bobath, Vojta, Brunkow und PNF kommen individuell auf den Patienten zugeschnitten zur Anwendung. Ergänzt wird die Behandlung durch die Hippotherapie. Die Rommel-Klinik ist auch als Ausbildungs-stätte für Physioterapeuten bekannt. Info: www.rommel-klinik.de

Kliniken Schmieder Neurologisches Fach- und Rehabilitations-krankenhaus,
Zum Tafelholz 8, 78476 Allenbach, Fon: 07533-808-0

Klinik in der Zarten GmbH, Erlenbrucker Str. 14
79856 Hinterzarten, Fon:07652-1209-0

Krankenhaus München Harlaching /für Naturheilwesen,
Sanatoriumsplatz 2, 81545 München, Fon: 089-62505-0

Marianne-Strauß-Klinik Behandlungszentrum f. MS,
Milchberg 21, 82335 Berg-Kempfenhausen, Fon:8151-261-0

Simssee Klinik GmbH Abt.Neurologie,
Ströbinger Str. 18a, 83089 Bad Endorf, Fon: 08053-200-0

Fachklinik Enzensberg /Hopfen am See,
Höhenstr. 56, 87629 Füssen, Fon: 08362-12-0

Fachklinik Ichenhausen,
Krumbacher Str. 45, 89335 Ichenhausen, Fon:08223-99-0

Bezirkskrankenhaus Neurologische Klinik, Nordring 2, 95445 Bayreuth, Fon: 0921-283-0

Nervenklinik Bamberg Neurologische Klinik, St.-Getreu-Str. 14, 96049 Bamberg, Fon: 0951-954-0

Klinikum Meiningen GmbH Abt.Neurologie, Bergstr. 3, 98617 Meiningen, Fon: 03693-90-0

Kliniken Schmieder Neurologie, Eichhornstr. 68, 78464 Konstanz/Petershausen, Fon: 07531-986-0

Kliniken Schmieder Stuttgart Neuro.-Reha-Zentrum, Auf der Schillerhöhe, 70839 Gerlingen, Fon: 07156-941-0

Klinikum Kassel Neurologische Klinik, Möncheberg 41-43, 34125 Kassel, Fon: 0561-980-0

Rehabilitations-Kliniken

Reha-Zentrum Bad Düben, Gustav-Adolf-Str. 15, 04849 Bad Düben, Fon: 034243-79-0

Moritz-Klinik /AHB-Fachklinik f. Neurologie, Hermann-Sachse-Str. 46, 07639 Bad Klosterlausnitz, Fon: 026001-490

ZaR-Zentrum für ambulante Rehabilitation Neurologie und Orthopädie, Gartenstrasse 5, 10115 Berlin, Fon: 030-28 51 84 666

ZaR- Zentrum für ambulante Rehabiltation
Gartenstraße GmbH, Gartenstr. 5, 10115 Berlin
Tel. 030/ 285 184 140 , FAX 030/ 285 184 350

- ambulant/ teilstationäre Klinik für neurologisch/ neurochirurgische Rehabilitation
- AHB, Heilverfahren, Rezeptbehandlung

Krankengymnastik	Ergotherapie	Psychologie
Elektrotherapie	Bewegungsbad	Logopädie
Thermo-/ Hydrotherapie	Ernährungs-/ Diätberatung	Sozialarbeit
Sport-/ Bewegungstherapie	in Kooperation mit der DMSG	Angehörigenberatung

Klinik Berlin Reha-Klinik,
Kladower Damm 223, 14089 Berlin, Fon: 030-368 01 513

Median-Klinik , Reha-Klinik Grünheide,
An der Reha-Klinik 1, 15537 Grünheide, Fon: 03362-739-0

Fachkrankenhaus Waldeck Centrum f. med. Rehabilitation,
Göldenitzer Chaussee, 18258 Schwaan, Fon: 03844-880-0

Median-Klinik Neurologie/Reha,
Kastanienallee 1, 18334 Bad Sülze, Fon: 038229-72-0

Reha-Klinik Ahrenshoop, Dorfstr. 55,
18347 Ostseebad-Ahrenshoop, Fon: 038220-63-0

Klinik am Park-Reha-Zentrum/Wilhelmshaven,
Bremer Str. 2, 26382 Wilhelmshaven, Fon: 04421-945-0

Reha- Zentrum Soltau,
Oeninger Weg 59, 29614 Soltau, Fon: 05191-800-0

Klinikum für Rehabilitation Bad Oeynhausen/Klinik am Park,
Sonnenhofklinik-Weserklinik, Am Brinkkamp 15,
32545 Bad Oeynhausen, Fon: 731-865-0

Neurologische Klinik Westend, M.Wicker GmbH&Co KG,
Dr.- Born-Str.9, 34537 Bad Wildungen, Fon: 05621-794-0

Fachklinik Rhein/Ruhr,
Auf der Rötsch 2, 45219 Essen-Kettwig, Fon: 02054-88-0

Neurologisches Rehazentrum „Godeshöhe“e.V.,
Waldstraße 2-10, 53177 Bonn, Fon: 0228-381-0

Klinik Burg Landshut, Kueser Plateau,
54463 Bernkastel-Kues, Fon: 06531 -92-4000

Westerwaldklinik Waldbreitbach,
Postfach 1240, 56588 Waldbreitbach, Fon: 02638-898-0

Klinik Ambrock, Ambrocker Weg 60,
58091 Hagen/Westf. (Dahl), Fon: 02331-974-0

Reha-Zentrum Bad Orb,
Spessartstr. 20, 63619 Bad Orb, Fon: 06052-808-0

Neuro-Reha-Klinik Bad Camberg, Obertorstr. 100-102,
65520 Bad Camberg,, Fon: 06434-919-0

Klinik für Neurologie Hochwald Kliniken,
Am Kurzentrum, 66707 Weiskirchen, Fon: 06876-17-0

Neurologisches Reha-Zentrum „Quellenhof“,
Kuranlagenallee 2, 75323 Bad Wildbad, Fon: 07081-173-0

Kurklinik am Olgabad,
Olgastr. 9-13, 75323 Bad Wildbad, Fon: 07081-1701-0

Waldklinik Dobel,
Neuenbürger Str. 49, 75335 Dobel, Fon: 07083-747-0

Klinik Falkenburg,
Falkenburgstr. 2, 76332 Bad Herrenalb, Fon: 07083-926-0

Klinik für Rehabilitation und Dobel RULA-Klinik,
Bergstr. 38, 76337 Waldbronn/Albtal, Fon: 07243-603-0

Schwarzwaldklinik Neurologie/Reha,
Im Sinnighofen 1, 79189 Bad Krozingen, Fon: 07633-93-01

Neurologische Klinik Bad Aibling,
Kolbermoorer Str. 72, 83043 Bad Aibling, Fon: 08061-903-0

Buchbergklinik, Wilhelmstr. 2, 83646 Bad Tölz, Fon 08041-803-0

Fachklinik Kaiserhof,
Herderstr. 6, 83646 Bad Tölz, Fon: 08041-501-0

Fachklinik Bad Heilbrunn,
Wörnerweg 30, 83670 Bad Heilbrunn, Fon: 08046-18-0

Fachklinik, Reuthweg 4, 91074 Herzogenaurach, F. 09132-83-0

Kiliani-Klinik, Schwarzallee 10, 91438 Bad Windsheim, Fon: 09841-93-0

Stift Rottal-Klinik für Neurologische Reha., Max-Köhler-Str. 3, 94086 Griesbach im Rottal, Fon: 08532-87-0

Klinikum Staffelstein, Am Kurpark 11, 96231 Staffelstein, F. 09573-56-0

Median-Klink, Badeweg 2, 99955 Bad Tennstedt, Fon: 036041-35-0

Weiterführende Literatur (eine Auswahl)

Obert, H.J.: Beta-Interferon. Schwerpunkt MS. Springer Verlag

Haas, Judith: Multiple Sklerose - Informationen über Erkrankung und Therapie - Ratgeber für Patienten und Angehörige. Arcis Verlag

Bauer, H.J.; Seidel, Dietmar: MS-Ratgeber. Praktische Probleme der Multiplen Sklerose. Gustav Fischer Verlag

Krämer, Günter; Besser, Roland: Multiple Sklerose: Antwort auf die häufigsten Fragen. Informationen für Betroffene und Interessiert. Trias Verlag

Schäfer, Ulrike; Poser, Sigrid: Multiple Sklerose. Ein Leitfaden für Betroffene. Blackwell Verlag

Weihe, Wolfgang: Aus Wissenschaft und Forschung - Verständliche Medizin - MS. Eine Einführung. Carl Gustav Carus Verlag

Dahlke, Rüdiger: Krankheit als Sprache der Seele. Be-Deutung und Chance der Krankheitsbilder. C.Bertelsmann Verlag

Strauß, Ingrid: Hippotherapie. Neurologische Behandlung mit und auf dem Pferd. Stuttgart: Hippokrates Verlag

Kurklinik am Olgabad

Reha-Zentrum für Neurologie & Orthopädie -

Unser Therapiekonzept bei
Multiple Sklerose:

Physiotherapie – nur Einzel-behandlungen – nach: Bobath, PNF, Brunkow, Vojta, Selbst-hilfetraining, Hilfsmittelberatung, Rollstuhltraining, Ergotherapie, **Hippotherapie** (Therapeutisches Reiten), Balneologie, Thermo-, Hydro- und Elektrotherapie. Sämtliche immun-modulatorische medikamentöse Therapien. **Eigenes Thermal-bewegungsbad**. Zentrum für Orthopädie-technik und **Rehateam** im Hause.

Kurklinik am Olgabad
Olgastraße 9-13
75323 Bad Wildbad
Telefon: 07081/1701-0
Fax: 07081/1701 - 414

NACHTKERZENÖL
speziell für MS-Patienten

primrose thurwall

Nachtkerzenöl-Kapseln à 500 mg, 1 Kapsel enthält: 360 mg Cis-Linolsäure, 50 mg Gamma-Linolensäure, 6,7 mg Vitamin E (als D-alpha-Tocopherol)

* 1 x 336 Kapseln DM 108,00
  (plus Versandkosten)

* SONDERPACKUNG DM 298,00
  1.008 Kapseln (3 x 336)
  (versandkostenfrei)
  Sie sparen DM 26,00

primrose combi thurwall

Kapseln à 750 mg, 1 Kapsel enthält: 250 mg Nachtkerzenöl, davon
80 mg Gamma-Linolensäure, 250 mg Borretschöl, 250 mg Lachsöl, 13,4 mg Vitamin E

* 1 x 200 Kapseln DM 88,00
  (plus Versandkosten)

* SONDERPACKUNG DM 324,00
  800 Kapseln (4 x 200)
  (versandkostenfrei)
  Sie sparen DM 28,00

Auch Hautfunktionsöl mit hohem Nachtkerzenöl-Anteil lieferbar. Bitte fordern Sie den Katalog an!

IHR VORTEIL: PREISGÜNSTIGER DIREKTBEZUG AB LAGER!

PHARMA THURWALL GMBH
Humboldtstraße 21, 65198 Wiesbaden
Tel. 0611/39784, Fax 0611/39783
e-mail: rh.simons@otelo-online-de

Serono.
Die Zukunft vor Augen.

Unsere Vision –
Entwicklung therapeutischer Lösungen für Menschen mit Multipler Sklerose.

Unser Engagement –
umfassende Forschungsprogramme im Bereich MS.

Unser Ziel –
wirksamere sichere, anwendungsfreundliche Medikamente gegen MS.

serono

Serono Pharma GmbH
Telefon: (0 89) 3 21 56-211
Telefax: (0 89) 3 21 56-123
www.ms-network.com

sana

QUELLENHOF
Neurologisches Rehabilitationszentrum
Bad Wildbad

Wir sind schon ein wenig stolz, wie sehr sich gerade unsere MS-Patienten bei uns wie zuhause fühlen. Kein Wunder also, wenn viele immer wieder kommen.

Auf den Patienten individuell abgestimmte therapeutische Behandlungsangebote, moderne medizinische Einrichtungen, schöne Zimmer und Räumlichkeiten und vor allem eine offene und partnerschaftliche Atmosphäre garantieren Ihnen Wohlbefinden von Anfang an. Gute Reha-Ergebnisse bestätigen immer wieder das Quellenhof-Konzept.

Der Quellenhof liegt in landschaftlich reizvoller Lage direkt am Kurpark im Herzen von Bad Wildbad. Wann kommen Sie zur Reha in den Quellenhof? Fordern Sie gleich heute Ihre Info-Unterlagen per Telefon oder Fax an.

Neurologisches Rehabilitationszentrum Quellenhof
Kuranlagenallee 2, 75323 Bad Wildbad
Telefon 07081 / 173-0 Telefax 07081 / 173-230
E-Mail: Info@quellenhof.de Internet: www.quellenhof.de

In Zusammenarbeit mit

AMSEL
BADEN-WÜRTTEMBERG